의사가 읽어주는
그리스 로마 신화

❖ 본문 그림 출처에 관한 일러두기

본문에 나오는 그림은 위키피디아에서 가져왔습니다.
다만, 115쪽과 192쪽의 그림의 출처는 다음과 같습니다.

115쪽: https://news.berkeley.edu/2020/06/15/diluting-blood-plasma-rejuvenates-
    tissuereverses-aging-in-mice/

192쪽: https://www.healthline.com/health/caput-medusae

의사가 읽어주는

유수연
지음

그리스 로마 신화

에이도스

그리스 로마 신화 이야기는 다들 한 번쯤은 들어보거나 접해보았을 것입니다. 저처럼 토머스 불핀치가 정리한 책으로 그리스 로마 신화를 접한 사람들도 있을 테고, 제가 만나본 후배들이나 의과대학 학생들처럼 어린 시절에 본 만화나 애니메이션을 통해 알게 된 사람들도 있을 것입니다. 그리스 로마 신화는 서양문화의 기초이며, 현대 문명에도 아직까지 그 흔적이 많이 남아 있어서 여전히 중요한 의미가 있습니다.

어쨌든 그리스 로마 신화에 대해 사람들과 이야기하다 보면 자세한 내용은 모르더라도 트로이 전쟁이나―제우스, 헤라, 아프로디테 그리고 아폴론 같은―올림포스의 신들에 대해서는 알고 있습니다. 하지만 우리가 현대의학에서 쓰는 용어나 개념들이 신화 이야기에서 나온 것들이 많다고 하면 '그런 게 신화 속에 나와?' 혹은 '이 말이 신화에서 나온 거야?' 하면서 놀라거나 의아해하는 반응을 보이는 분들이 많습니다.

의과대학에 들어와서 공부하면서 의학용어의 기원이 그리스 로마 신화에서 나온 것들이 많고, 일부 신화 이야기는 현대의학에 나오는 증상이나 질병, 개념으로 설명할 수 있겠다는 생각을 하면서 공부가 좀 더 재밌게 느껴졌던 기억이 납니다. 또 신화와 의학이 통하는 바가 있다는 점도 신기하게 여겨졌습니다.

그중에서도 가장 인상적이었던 것은 의학과(기존의 6년제 형태의 의대는 의예과 2년과 의학과 4년으로 이루어져 있습니다. 본격적인 의학 공부는 보통 의학과 1학년 때부터 시작합니다) 1학년에 처음 들어갔을 때, 해부학을 배우기 위해 샀던 해부학 교과서 이름이 '아틀라스(Atlas)'란 것을 알았을 때입니다. '어, 아틀라스는 그리스 신화 속 거인 이름인데, 하늘을 떠받치는 벌을 받은…' 이런 생각을 하며 책을 열어보니 책에는 모든 인체 구조가 자세히 적혀 있었습니다. 그런데 사람의 머리를 받치는 경추(목뼈) 1번의 이름이 또 '아틀라스'여서 좀 놀랐던 기억이 납니다. '아, 머리를 받치는 것이 하늘을 받치는 것만큼 중요해서 이 뼈 이름이 아틀라스인가 보다…' 하는 생각을 하며 혼자 약간 신이 나서 공부했던 기억이 있습니다. 이렇게 하니 힘든 의학 공부도 마냥 지루하지만은 않았습니다. 이후 그리스 로마 신화 이야기가 기원인 의학 용어가 나오면 하나씩 연결하며 제 마음속에 나름 기록했습니다.

그러나 의사가 되고 교수가 되기까지 이러한 내용을 사람들과 나눌 기회가 별로 없어 혼자만의 생각으로 남겨둘 수밖에 없었습니다. 그러던 어느 날, 작은 연구 모임에서 의학과 인문학을 접목한 강의를 해줄 수 있겠느냐는 부탁을 받았습니다. 그때 처음으로 의학과 그리스 로마 신화를 접목하는 시도를 해보았습니다. 바로 '그리스 로마 신화 속 수면과 수면장애'라는 내용의 강의였습니다.

그리스 로마 신화에 나오는 잠의 신 히프노스(Hypnos)에 관한 이야기, '잠의 신'의 가족들, 그리고 그리스 신화에서 잠에 빠졌던 등장인물들—음악 소리에 백 개의 눈이 모두 감긴 아르고스, 술을 마시고 잠든 폴리페모스, 잠든 사이에 홀로 섬에 아리아드네 등—의 이야기를 수면 의학에 나오는 수면유도 물질의 어원, 수면의 구조, 수면 질병, 수면 검사법들과 엮어서 해석해보았습니다.

강의를 들은 동료 의사들이 "신화와 잠, 그리고 수면 질환이 연결되네!"라는 반응과 함께 흥미로워하는 것을 보면서, 이 내용을 좀 더 체계적으로 정리해보고 싶다는 욕심이 생겼습니다.

이후 학교에서 그리스 로마 신화와 의학을 연결하는 내용으로 강의를 몇 번 진행하다가 좀 더 많은 사람이 편하고 쉽게 볼 수 있으면 좋겠다는 생각에 최대한 풀어쓰고 재밌게 글을 정리해보았습니다.

이렇게 정리한 글을 기대 반 걱정 반 두근거리며 의료인들이 아닌 가족과 주변 지인들에게 보여주니, 신화 내용 자체가 재미있다는 반응과 함께 막연히 어렵게 느껴졌던 의학과 멀게만 느낀 의사와 병원에 대한 이미지가 좀 더 가깝고 친근하게 바뀌었다는 반응을 보였습니다. 고등학교 졸업 후에 서로 다른 길을 가던 친구들은 "신화는 조금 알았는데, 신화에서 나온 이야기가 의사들이 병원에서 쓰는 용어와 연결되는 줄은 처음 알았어!" 혹은 "이렇게 보니까 신화랑 의학모두 좀 더 쉽고 재밌는 것 같아"라고 말하면서, 고맙게도 의사로 일하는 저에 대한 격려도 함께 전해주었습니다. 특히 어머니께서 "네가 의대에 가서 어떤 공부를 하고 지금 의사로서 어떤 일을 하는지 조금이나마 이해가 된다. 이렇게 들으니 정말 재미있구나"라는 소감을 말씀해주셨을 때, 자식으로뿐만 아니라 의사로서도 어머니와 가까워지는 기분이 들어 뭉클했습니다. 아마 어머니의 말씀을 들었을 때가 제가 글을 쓰고 나서 가장 보람을 느낀 순간 중 하나였을 것입니다.

어린 시절 흥미진진하게 읽었던 그리스 로마 신화에 대한 기억은 의과대학 시절 의학을 공부하면서 조금은 놀랍고 신기한 경험으로 또 이렇게 의학과 신화를 연결하는 책을 쓰는 것까지 이어졌습니다. 그리고 이렇게 책을 쓰면서 이루고 싶은 목표도 생겼습니다.

첫 번째는 우리에게 익숙하면서도 어떤 면에서는 낯선 그리스 로마 신화를 다시 한 번 추억하게 만드는 것입니다. 요즘처럼 다양한 미디어가 발달하고 정보가 넘쳐나는 시기에 굳이 이 책이 아니어도 그리스 로마 신화에 대한 지식은 쉽게 얻을 수 있을 것입니다. 그렇지만 의학을 공부하면서 그리스 로마 신화를 떠올릴 정도로 그리스 로마 신화를 좋아한 의사가 쓴 이야기를 한 번쯤 읽어보는 것도 새로운 경험이 될 것이라 생각합니다. 명곡은 명곡 자체로도 훌륭하지만 여러 버전으로 편곡한 곡도 나름 듣는 재미가 있는 것처럼 말입니다.

두 번째는 그리스 로마 신화와 의학이 어떻게 연결되는지를 보여주고자 합니다. 히포크라테스 선서의 내용부터 의사의 상징인 뱀이 휘감고 있는 지팡이, 그리고 현대의학에서 쓰는 의학용어(이를테면 기간테스와 거인증, 나르키소스와 자기애성 인격 장애 등)까지 많은 것들이 알고 보면 신화 속에 나오는 이야기와 연결되어 있습니다.

더 나아가 그리스 로마 신화 속 이야기는 현대의학에서 진단하는 질병과 통하는 바가 있다는 점도 보여주면서 독자 여러분들이 함께 추리하고 상상하는 재미도 느꼈으면 합니다. 예를 들면, 사랑 이야기로 널리 알려진 에로스와 프시케의 사연이 사실은 조현병에 걸린 환자의 망상이 아닐까, 혹은 아테나 여신이 태어날 때 제우스가 겪은 두통은 뇌출혈에 의한 통증과 비슷한 것 아닐까 하는 식으로 말이죠. 이러한 관점으로 신화를 보면 그 재미가 더 클 것으로 생각합니다.

끝으로 익히 알려진 신화 이야기와 의학적 이야기를 연결함으로써 의학과 의사와 병원이 멀고 어려운 존재가 아니라 우리와 함께 살아가는 삶의 일부분이라는 것을 보여주고자 합니다.

의사로 일하면서 환자나 보호자를 만나면 많은 분들이 병에 대한 막연한 두려움과 의사에 대한 거리감을 느끼고 있습니다. '지금 설명하는 게 너무 어려워서 무슨 이야기인지 잘 모르겠습니다' 혹은 '병원에 와서 의사 선생님만 봐도 너무 긴장되네요'라는 이야기를 들을 때면, 항상 안타깝기도 하고 어떻게 하면 이 두려움과 어려움 그리고 거리감을 줄일 수 있을지 고민하게 됩니다.

책을 좀 더 쉽고 재미있게 쓰고 설명하기 위해 노력하면서 저 자신도 의사로서 다시 공부하고 스스로를 돌아보는 계기가 되었습니다. 제가 바라는 것은 이 책을 읽는 분들이 환자나 보호자의 역할로 질병이라고 하는 거친 바다를 만나 치유를 위한 항해를 떠나게 될 때, 의사가 그 배의 선장이자 동료로서 서로 믿고 의지할 수 있는 존재라고 느끼게 하는 것입니다. 제 부족한 글이 의사와 환자가 머리뿐만 아니라 가슴으로도 서로를 이해할 수 있도록 도와주는 가교가 되었으면 합니다.

이 책을 일종의 모의 항해를 하는 놀이기구라 생각하고 읽었으면 합니다. 진짜 병과 치료 과정을 겪는 것은 아니지만, 그리스 로마 신화 속 등장인물들이 겪은 일들을 통해 환자와 의사들이 항상 넘나드는 질병이란 바다의 거친 파도가 어떤 것인지 간접적으로 느껴볼 기회가 되었으면 합니다. 이제부터 그리스 로마 신화와 의학의 바다로 함께 떠나보겠습니다.

차례

04 신화에서 기원한 증상과 병명

05 마음의 병들

06 기타 용어

01

신화 속
의사의 계보

그리스 신화의 첫 부분은 보통 신들의 계보(족보와 비슷하죠)를 의미하는 신통기(Theogonia)로 시작합니다. 혼돈을 뜻하는 카오스로부터 세상이 창조되었고, 그로부터 나온 하늘의 신 우라노스와 땅의 여신 가이아가 수많은 자손을 퍼뜨리는 이야기가 나옵니다. 이후 가이아의 자식들인 티탄 신족과 손자 세대인 올림포스 신들이 싸우고, 제우스가 이끄는 올림포스 신들이 이 세계의 지배자가 되기까지의 내용이 서술됩니다.

여기서는 신통기를 다루기보다는 의술의 신에 관련된 계보와 그를 따르던 고대의 의사인 히포크라테스, 그리고 신화에 나오는 의사들에 관해 이야기해보겠습니다.

의사라는 직업은 신화의 시대인 고대부터 존재했습니다. 고대에도 사람들의 건강을 위협하는 수많은 질병이 있었으며, 현대보다 잦은 전투 및 전쟁 등이 부상과 죽음의 원인이 되었기 때문입니다. 이로 인해 아프고 다친 사람들을 치료하는 의사라는 직업은 필수불가결한 것이었습니다.

의사를 이야기할 때 가장 먼저 떠오르는 사람은 히포크라테스(Hippocrates)일 것입니다. 에게해(海)에 있는 코스(Kos)섬 출신의 히포크라테스는 고대의 종교적이고 주술적인 성격의 의술을 학문적인 개념으로 분리해 정립한 '의학의 아버지(Father of Medicine)'로 여겨지며, 현대에도 그가 만든 〈히포크라테스 선서〉가 전하고 있습니다(의사들은 지금도 〈히포크라테스 선서〉를 바탕으로 1948년에 만들어진 제네바 선언을 낭송합니다).

의술의 학문적 개념 정립에 이바지한 히포크라테스지만, 그 역시 어디까지나 고대의 사람이었기에 〈히포크라테스 선서〉에도 고대 그리스 신화의 모습이 녹아들어 있습니다. 그리고 우리는 이 선서에서 '의술의 신' 계보를 찾아볼 수 있습니다.

히포크라테스 선서의 첫 구절은 이렇습니다.

"나는 의술의 신 아폴론(Apollon)과 아스클레피오스(Asclepius), 히게아(Hygeia), 파나케아(Panacea), 그리고 모든 남신과 여신의 이름으로 나의 능력과 판단에 따라 이 선서와 계약을 이행할 것을 맹세합니다."

보다시피 이 구절에는 네 명의 신의 이름이 언급되는데, 이들은 모두 고대 그리스에서 의술과 연관된 권능을 가진 것으로 여겨지는 대표적인 신들입니다. 이 선서의 의미를 좀 더 잘 이해하기 위해 각각

HIPPOCRATES HIRACLIDÆ F. COVS.
Ex marmore antiquo.

히포크라테스와 히포크라테스 선서

의사가 읽어주는 그리스 로마 신화

의 신들에 대해 알아보도록 하겠습니다.

아폴론은 올림포스의 12주신 중 하나로, '태양의 신'으로 알려진 신입니다. 신들의 제왕인 제우스(Zeus)와 레토(Leto: 하늘의 신 우라노스의 손녀격인 여신으로 격이 높은 티탄 신족 중 하나입니다) 여신 사이에 태어난 쌍둥이 신 중 한 명으로(쌍둥이 중 나머지 한 명이 달의 여신인 아르테미스 여신입니다), 눈부신 금발과 균형 잡힌 체격을 지닌 미남의 모습을 지녔다고 전합니다.

아폴론은 '태양의 신'의 이미지가 가장 유명하지만, 그 외에도 리라를 연주하는 음악의 신, 뛰어난 활솜씨를 가진 궁술의 신, 델포이의 신탁을 주관하는 예언의 신 등으로도 통했습니다. 그리스 신화를 보면 아폴론은 치유 혹은 전염병과 관련된 이야기에 많이 등장합니다. 이 이야기에서 우리는 아폴론이 왜 의술의 신으로 숭배를 받았는지 그 이유를 알 수

아폴론의 신상. 리라를 들고 있는 모습

있습니다.

가장 대표적인 일화는 포세이돈의 아들인 거인 오리온(Orion)의 시력을 되찾게 해준 일입니다. 오리온은 키오스(Chios)섬의 공주 메로페(Merope)를 강제로 취하려다 공주의 아버지인 오이노피온(Oenopion)에 의해 두 눈이 뽑혀 장님이 된 적이 있는데, 이렇게 잃어버린 눈을 태양신의 광휘에 의해 되찾았다고 합니다.

현대의학으로는 적출된 안구를 되살릴 수 없으나, 신화에서는 이런 기적과도 같은 일이 가능했습니다. 이 이야기 속에 나오는 태양신이 아폴론이라는 설도 있고, 아폴론 이전의 태양신인 티탄 신족의 헬리오스(Helios)라는 설도 있습니다. 어찌 되었든 이 이야기를 보면 고대 그리스 사람들은 태양신이 치유의 힘을 가졌다고 믿었던 것 같습니다.

또한, 헤라 여신의 저주로 광기에 빠져 자신의 가족들을 몰살한 헤라클레스가 광기에서 빠져나올(혹은 존속 살해의 죄업을 속죄할) 방법을 찾기 위해 간 곳이 아폴론의 신전인 델포이였고, 거기서 신탁을 받아 문제를 해결했다는 이야기도 있습니다. 일종의 정신질환까지 치료하는 권능을 보인 것입니다.

한편 트로이 전쟁 서사시인 『일리아스』를 보면 아폴론에 의해 그리스 진영에 전염병이 돌게 된 사건이 나옵니다. 여기서 아폴론은 '역병의 신'이자 '쥐의 신'으로서의 힘을 보여줍니다. 신화에서 아폴론이 전염병을 퍼뜨리고 또 거두는 힘이 있다는 점에서 의술과 밀접한 관련이 있다고 믿었던 것 아닌가 싶습니다. 한편으로는 전염병이 돌기 쉬운 환경인 덥고 습한 여름 날씨는 태양신의 힘이 가장 강한 시기이기에 전염병과 태양신을 연관 지었을 가능성도 있습니다.

위의 이야기에서도 아폴론이 의료와 관계가 있다는 것을 알 수 있지만, 아폴론이 '의술의 신'으로 불린 가장 큰 이유는 아무래도 아들 아스클레피오스 덕분일 것입니다. 그리스 로마 시대에 의술의 신으로 숭배를 받았던 아스클레피오스는 아폴론과 테살리아의 왕녀 코로니스(Coronis) 사이에서 태어났습니다. 둘 사이에서 '태어났다'라고 말했지만, 정확하게 말하면 아스클레피오스는 코로니스가 죽은 후 그녀의 몸에서 꺼내졌습니다. 아폴론의 애인이었던 코로니스는 아폴론과 연인 관계에 있던 와중에 또 다른 남자와 사랑에 빠졌고, 그 사실을 안 아폴론은 크게 분노해 코로니스를 활로 쏘아 죽입니다. 그러나 코로니스가 화장되기 전에 그녀의 배 속에 아이가 있다는 사실을 알게 된 아폴론이 아이를 가엽게 여겨 꺼내 살린 것입니다. 현대의학적 관점으로 보면 이미 죽은 산모의 몸에서 제왕절개

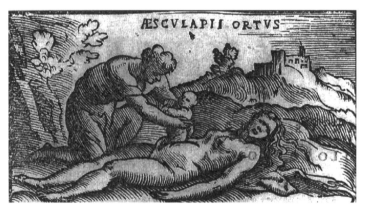

죽은 코로니스로부터 아스클레피오스를 꺼내는 아폴론

(Cesarean section)를 통해 태아를 구해낸 것이라고 볼 수 있습니다.

어쨌든 이렇게 태어난 아이는 그리스 신화 속 최고의 현자인 케이론에게 맡겨져 위대한 의사로 자라납니다. 아스클레피오스의 의술은 어찌나 신통했는지 죽은 사람을 살릴 정도였다고 합니다. 하지만 이렇게 아스클레피오스가 자꾸 죽은 사람들을 살려내자 저승의 질서가 무너지는 것을 염려한 죽음과 지하세계의 신인 하데스(Hades)가 제우스에게 아스클레피오스를 죽일 것을 탄원합니다. 그렇게 아스클레피오스는 제우스의 번개를 맞고 사망합니다. 그러나 그의 죽음을 슬퍼한 아폴론의 탄원으로 사후에 신으로 승격되어 의술의 신이 되었으며, 아스클레피오스를 모시는 신전은 병원의 역할도 겸하게 되었다고 합니다.

아스클레피오스의 신상을 보면 매우 특징적인 것이 하나 있습니다. 바로 한 마리의 뱀이 감긴 지팡이입니다. 이 지팡이의 유래는 이렇습니다. 크레타 왕 미노스의 아들 글라우코스(Glaucos)가 죽자 아스클레피오스가 그를 살려내기 위해 치료에 나섭니다. 그런데 치료 도중 갑자기 뱀이 나타났고, 뱀을 보고 놀란 아스클레피오스는 지팡이로 뱀을 때려죽입니다. 하지만 또 다른 뱀이 어떤 풀을 물고 나타나 죽은 뱀에게 문지르자 죽었던 뱀이 살아났다고 합니다. 이런 일이 있은 이후 아스클레피오스는 죽은 것을 살려내는 능력에 대한 존경의 의미로 뱀이 휘감긴 모양의 지팡이를 가지고 다니게 된 것이죠.

뱀과 불사의 비밀 간의 관계는 수메르 신화인 〈길가메시 서사시〉에도 나오는 것으로 보아 고대에 널리 통용되던 개념인 듯합니다.

의사가 읽어주는 그리스 로마 신화

아스클레피오스

아스클레피오스의 지팡이는 이후 수많은 의사 혹은 의료 관련 단체의 상징으로 널리 사용되었습니다.

우리나라에서도 수년 전까지는 대한의사협회의 상징으로 뱀이 감긴 지팡이 그림을 사용했습니다. 그러나 이전 대한의사협회의 로고에는 뱀이 두 마리로 이것은 전령의 신인 헤르메스(Hermes)의 '케리케이온 지팡이'였습니다. 헤르메스는 저승으로 영혼을 안내하는 역할도 담당하는 신이었으니, 의사의 상징으로 헤르메스의 지팡이를 사용하는 것은 잘못된 것이라 볼 수 있습니다. 현재 의사협회의 로고는 뱀 한 마리가 글자를 감싸고 있는 형태로 바뀌었습니다.

아스클레피오스는 살아생전에 에피오네(Epione)라는 여신과 결혼하여 수많은 자손(아스클레피데스)을 남겼고, 자손들 모두 의술과 관계된 신들로 추앙을 받았습니다. 부인이었던 에피오네 역시 의술과 관련된 신격을 지녔는데, 그녀는 진정(soothing)을 담당하는 여신이었습니다. 치료의 과정에서 중요한 위치를 차지하는 진정은, 환자를 편안하게 하고 통증을 누그러뜨리는 것을 의미합니다. '진정'의 개념을 담당한 여신이 의술의 신의 배우자였던 것을 보면, 고대 그리

이전 의사협회 로고(왼쪽)와 새로운 의사협회 로고(오른쪽)

의사가 읽어주는 그리스 로마 신화

스 사람들은 통증을 달래는 것이 의술에서 매우 중요한 덕목이라고 생각했던 것 같습니다.

히포크라테스 선서에서 세 번째로 언급되는 이름인 히게아는 아스클레피오스의 딸로, 건강의 개념을 인격화한 존재이자 위생과 청결의 여신입니다. 현대 영어에서 위생을 뜻하는 '하이진(Hygiene)'의 어원이 바로 히게아입니다. 고대 사람들도 환자의 위생 관리를 질병 치료 과정에서 매우 중요한 요소로 생각했음을 알 수 있습니다. 히게아의 상징은 뱀과 그릇인데, 여성 조각상의 오른팔에 뱀이 있고, 손에 그릇이 들려 있다면 히게아 신상일 가능성이 큽니다. 이러한 상징성에서 착안하여 뱀이 감고 있는 그릇을 '히게아의 그릇(Bowl of Hygeia)'이라고 부르며, 현대에서는 약국 혹은 약학의 국제적 상징으로 사용하고 있습니다.

히게아 다음으로 언급되는 신인 파나케아는 '만병통치(萬病通治)'를 의인화한 존재입니다. 파나케아의 이름을 살펴보면 '모든'이라는 뜻이 담긴 '판(pan)'과 치료를 의미하는 '아케아(acea)'를 합친 단어로서, 모든 병을 치료하는 약을 의미합니다. 만병통치약

히게아 여신상

이라는 것은 지금까지도 발견되거나 발명되지 않았으니 일종의 환상의 개념을 신으로 만들고 숭배한 것이라 할 수 있습니다. 아마도 고대 사람들 역시 치료 과정의 끝에는 모든 병을 치료할 묘약이 나타나길 기대하는 마음에서 파나케아라는 존재를 만들어 숭배한 것 같습니다. 파나케아는 히포크라테스 선서에서도 마지막으로 언급된 신의 이름입니다. 질병 치료에 임하는 의사와 병으로 고통받는 환자가 소망하는 것을 선서에 넣은 것입니다.

∞

고대 그리스 신화를 자세히 살펴보면, 위에 언급된 신들 외에도 아스클레피오스의 자식으로 여겨지는 하위 개념의 의술의 신들이 더 있습니다. 히게아와 파나케아를 제외하고도 몇 명의 형제자매들이 있는데, 그들의 이름과 신격은 다음과 같습니다. 우선 여신 이아소(Iaso)가 있는데 그녀는 의료 자체를 상징하지만 '질병으로부터의 회복'을 의미하기도 합니다. 아케소(Aceso)는 '치유'라는 뜻이고, 아이글레(Aegle)는 '광명'을 뜻하는데 아마도 질병에서 회복된 후에 가질 수 있는 혹은 아주 건강한 사람 특유의 '건강한 낯빛'을 의미하는 것 아닌가 생각합니다. 이들은 모두 환자의 치료 과정에서 얻기를 바라는 좋은 결과들을 상징한다고 볼 수 있습니다.

　아스클레피오스의 아들로는 텔레스포루스(Telesphorus), 마카온(Machaon), 그리고 포달레이오스(Podaleios) 등이 있는데, 이들은 의술과 관계된 개념이 의인화된 존재이거나 전설 속의 의사들이 신격화된 경우입니다. 텔레스포루스는 소아시아 지방에서 숭배되던 의료의 신이 그리스 문화권에 흡수되면서 아스클레피오스의 아들로 여겨진 것으로 보입니다. 텔레스포루스는 앞서 언급한 여신 아케소의 남성형으로도 생각되었는데, 보통 난쟁이나 작은 소년의 모습을 하고 있습니다.

마카온과 포달레이오스는 『일리아스』에 나오는 의사로 전쟁에 군의관(軍醫官)으로 참여했다고 알려져 있습니다. 이 둘은 뛰어난 의술로 많은 영웅과 군인들을 치료하다가 전쟁 중 사망하여 스파르타 지방에 묻혔고, 이후 그 지역에서 의술의 신으로 모셔졌다는 이야기가 전합니다.

텔레스포루스

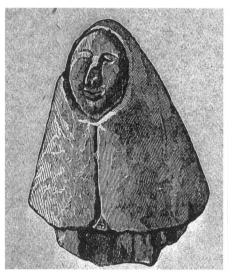

〈히포크라테스 선서〉에 언급되지 않아서 이름이 알려지지는 않았지만, 그 누구보다 더 헌신적이었던 의사들에 관한 이야기도 신화에 등장합니다. 트로이 전쟁에서 가장 유명한 그리스 영웅인 아킬레우스(Achilles)는 '뮈르미돈(Myrmidons)'이라 불리는 군대를 전쟁터에 데려갔다고 합니다. 뮈르미돈의 뜻은 개미인데, 군대에 개미라는 명칭이 붙은 이유를 보여주는 안타까운 전설이 있습니다.

그리스의 아이기나(Aegina)섬은 아이아코스(Aiakos)라는 왕이 다스리고 있었는데, 이 섬의 이름이 하필 제우스와 정을 통했던 여성의 이름과 같아서, 제우스의 아내인 헤라(Hera) 여신의 분노를 사고 말았습니다. 그렇게 헤라의 저주로 섬 전체에 전염병이 돌게 되었는데, 신이 내린 벌이기에 사람의 힘으로는 고칠 수가 없었습니다. 병의 증상은 심각하고 전염성도 매우 강해서 순식간에 섬의 주민 거의 모두가 병에 걸렸습니다. 전염병으로 인한 참상은 너무나도 참혹했습니다. '목이 붓고, 열이 심하게 나서 몸의 열을 식히고 싶어 발버둥 치게 되는 병'이 섬 전체에 퍼졌고, 사람이 죽어도 묻을 사람이 없을 지경이었다고 합니다. 마치 2020년을 혼란에 몰아넣은 COVID-19 사태처럼 말이죠. 그러나 이 신의 벌에 대항하기 위해 의사들은 최선을 다했으며, 환자 곁을 떠나지 못하는 성실한 의사일수록 더 빨리 희생되었다고 전설은 전하고 있습니다. 이렇게 원인을 알 수 없는 병에 대항하여 환자들을 치료했던 의사들 역시 모두 병에 걸려 죽습니다.

결국, 섬의 모든 주민이 죽고 아이아코스 왕만 홀로 남아 텅 빈 나라를 바라보며 슬퍼했습니다. 비탄에 잠긴 아이아코스 왕은 참나무에서 나오는 개미떼를 보며 이렇게 한탄했습니다. '저 개미떼처럼 많은 백성이 있으면 좋으련만…'. 그리고 왕의 탄식을 들은 제우스가 개미들을 사람으로 변하게 했다고 합니다. 그리하여 그 종족의 이름은 개미에서 유래한 뮈르미돈으로 불리게 되었고 모든 사람이 매우 젊고 튼튼했으며 왕의 말을 잘 따랐다고 합니다.

∞

의술의 신이나 의사로 언급되지 않으나 인간의 삶에서 아주 중요한 사건과 연관된 역할을 담당하는 여신도 있었습니다. 출산의 여신인 에일레이티이아(Eileithyia)가 바로 그 주인공입니다. 현대 사회에서 여성의 임신과 출산은 매우 중요해서 따로 산부인과를 두어 담당하지만, 고대인들은 병원에 방문하거나 의사를 만나야 하는 일은 아니라고 생각한 것 같습니다.

남존여비 사상이 팽배한 시대적인 상황에 의한 것일 수도 있고, 출산이나 아이의 탄생이 아주 자연스러운 과정(산모의 고통이나 신생아의 사망 위험은 차치하고)이라고 생각했기에 그럴 수도 있습니다. 어쨌든 고대 그리스인들은 출산 시기에서부터 순산이 될지 혹은 난산이 될지를 신이 결정하며, 이것을 담당하는 여신인 에일레이티이아가 도와주지 않으면 아이를 낳을 수 없다고 생각했습니다.

에일레이티이아는 신들의 여왕이자 결혼의 여신이기도 한 헤라의 딸이었는데, 혼인한 남녀 사이에서 아이가 태어나는 것을 볼 때,

〈아폴론과 아르테미스의 탄생〉(1692~1709년), 마르칸토니오 프란체스키니. 레토가 쌍둥이를 출산하는 것을 헤라 여신이 방해하고 있었습니다(헤라를 상징하는 새인 공작이 보입니다).

출산을 결혼의 결실로 보고 만든 개념일 수도 있겠습니다.

　에일레이티이아의 역할이 잘 나타난 이야기는 앞서 언급한 아폴론의 탄생에 관련된 신화입니다. 아폴론은 제우스와 레토 사이의 자식이었는데, 이 결합 역시 헤라 여신의 분노를 샀기에 출산 과정은 험난할 수밖에 없었습니다. 헤라 여신은 레토가 지상 어디에서도 출산하지 못하도록 저주했고, 결국 산달이 지나도록 레토는 아이를 낳을 수 없었습니다. 현대의 관점에서 보면, 쌍둥이를 임신한 산모가

의사가 읽어주는 그리스 로마 신화

출산 예정일을 훨씬 넘기도록 아이를 낳지 못한 것인데, 이런 상태가 계속되면 산모와 태아 모두가 매우 위험합니다.

이를 해결하기 위해 출산할 장소를 찾아다니던 레토 여신은 바다 위를 떠돌아다니던 섬인 델로스(Delos)에 의탁하였고(바다 위를 부유하는 섬이었기에 지상이 아니라고 볼 수 있습니다. 실제로 터키와 그리스 사이의 바다인 에게해 위에 있는 섬이라고 합니다), 결국 그 섬에서 무사히 아이를 낳을 수 있었는데, 이때 제우스가 몰래 에일레이티아아를 보내어 출산을 도와주었다고 합니다. 먼저 태어난 아르테미스가 갑자기 자라나 아폴론이 나오는 것을 도왔다는 이야기도 있습니다. 그래서 이후에도 아르테미스가 아도니스의 탄생을 도와주는 역할로 나오기도 하죠.

이 상황을 현대의학의 관점에서 설명하자면, 출산 예정일이 지난 산모에게 유도분만을 시도하여 안전하게 분만을 성공한 사례로 볼 수 있겠습니다.

에일레이티아아가 미래를 알고 레토의 출산을 도와준 것은 아니었겠지만, 그녀의 도움 덕분에 무사히 태어난 아폴론이 의술의 신의 가계를 열었다는 것이 묘한 우연처럼 느껴집니다. 고대 그리스 시대에는 출산이란 영역이 아스클레피오스 가족이 담당하는 의술과는 별개인 것처럼 여겨졌으나, 아폴론과 아스클레피오스 모두 어려운 출산 과정을 거쳐 태어났으니까요. 사람이 잉태되고 태어나는 과정이 모두 의술의 시작으로 이어진다는 것을 보여주는 신화라는 생각이 듭니다.

02

—

의사의 눈으로 본
그리스 로마 신화

1
제우스의 두통

그리스 신화는 불로불사의 존재인 신들의 이야기지만, 이 신들 역시 인간과 닮은 존재들이었기에 여러 가지 생리현상이나 질병에 시달리기도 했습니다. 아울러 그리스 신화에는 신들의 이야기뿐만 아니라 태어나서 자라고, 늙고, 죽어가는 사람들 그리고 다치거나 아픈 사람들의 모습도 함께 담겨 있습니다. 이 장에서는 그리스 신화 속 이야기들을 현대의학의 눈으로 살피고자 합니다. 먼저 신들의 제왕 제우스가 겪었던 두통 이야기부터 해보겠습니다.

올림포스 12주신의 우두머리인 제우스는 아내가 헤라로 알려졌지만, 사실 첫 아내는 티탄 신족 출신이자 지혜의 여신인 메티스(Metis)였습니다. 메티스는 제우스가 신들의 왕이 되는 것에 큰 도움을 주었으나 안타깝게도 여왕의 자리를 누리지는 못했습니다. 메티스가 임신했을 때 제우스가 '메티스가 낳는 아들이 권좌를 뺏을 것'

이라는 예언을 들었던 것입니다.

자기 역시 아버지로부터 권좌를 빼앗아 왕이 된 제우스는 예언을 듣고 공포에 사로잡혔고, 메티스와 아이를 없애야겠다는 생각을 했습니다. 하지만 지혜의 여신 메티스를 속이기란 쉽지 않았기에 한 가지 꾀를 냅니다. 제우스는 메티스에게 누가 더 작게 변신할 수 있는지 내기를 해보자고 제안했습니다. 그리고 제안에 흥미를 느낀 메티스가 파리로 변신하자 제우스는 메티스를 집어 삼켜버렸습니다. 하지만 메티스는 삼켜진 상태에서도 출산을 준비했고, 제우스의 머릿속에서 아이를 낳았습니다.

제우스의 머릿속에서 태어난 아이는 세상 밖으로 나오려고 했는데, 작은 머리 안에서 다 자란 아이가 나온다고 상상해보십시오. 엄청난 압력이 머리 안쪽에서 밖을 향해 가해지니 머리가 터질 듯한 통증이 일어날 것입니다. 예상대로 제우스는 머리가 터져나가는 듯한 극심한 두통에 시달렸고, 결국 통증을 없애기 위해 대장장이의 신인 헤파이스토스(Hephaestus)에게 도끼를 이용해 머리를 가르도록 했습니다. 그렇게 도끼로 제우스의 머리를 가르자 안에서 완전무장한 여신이 뛰어나왔습니다. 바로 전쟁과 지혜의 여신 아테나(Athena)였습니다.

이 이야기에서 우리는 신들의 왕인 제우스조차도 견디기 힘든 두통이란 질환을 접하게 됩니다. 실제 환자들이 겪는 통증 중에서 생전 처음 겪는 극심한 두통은 그 원인이 매우 위험할 가능성이 커 의사들이 주의 깊게 살펴봅니다. 이런 두통을 벼락두통

아테나의 탄생. 헤파이스토스가 도끼로 제우스의 머리를 가르자 그 틈에서 아테나가 완전무장한 모습을 드러냅니다. 〈미네르바(아테나)의 탄생〉(17세기), 르네 앙투안 우아스

(Thunderclap headache)이라고 하는데, 뇌출혈이나 뇌경색, 종양, 혹은 뇌염 등이 원인일 가능성이 큽니다. 도끼로 머리를 갈라야 할 만큼 심한 통증은 뇌 안의 압력이 매우 높아졌음을 의미하는데, 대표적인 예로 거미막하 출혈(Subarachnoid hemorrhage, SAH)이 일어나면 이러한 두통을 호소하며 갑자기 혼수상태에 빠지기도 합니다. 증상 치료를 위해서는 머리를 여는 머리뼈절제술(Craniectomy)을 시

의사가 읽어주는 그리스 로마 신화

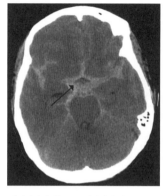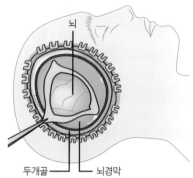

거미막하 출혈(왼쪽) 머리뼈절제술(오른쪽)

행하여 머리뼈 안의 압력을 낮추고 뇌의 손상을 최소화해야 합니다.

　신화 속 제우스의 모습은 현대의학으로 보면 급성뇌출혈 이후 머리뼈절제술을 받은 환자와 흡사합니다. 물론 이것은 신화 속 이야기이기에 소독이나 마취도 없이 도끼를 사용해 머리를 열었고, 머리 안에서 여신이 탄생했다는 신비한 내용으로 이어집니다. 아울러 아테나 여신이 탄생한 이후 도끼로 열었던 머리를 어떻게 봉합했는지에 대한 언급도 나오지 않습니다. 신화에서는 아테나가 머리에서 빠져나간 이후 제우스의 두통이 해소되었고 메티스는 여전히 머릿속에 남아 계속 지혜를 빌려주는 역할을 맡았다고 전합니다.

　이 신화는 머리를 열어야 할 만큼 심한 두통은 출산하는 여성이 겪는 산통에 버금가는 것임을 표현하고자 하는 이야기일지도 모릅니다. 아무튼, 제우스의 두통과 아테나의 탄생 설화는 그리스 신화에서 최초로 언급되는 외과적 수술치료입니다.

2
크로노스의 구토

제우스의 두통 이야기가 그리스 신화 속 최초의 외과 수술 사례라면, 이번 이야기는 신화 속에서 처음으로 등장하는 '약물'에 관한 것입니다. 이 이야기의 주인공은 바로 크로노스(Cronus)입니다.

크로노스는 티탄 신족으로, 제우스의 아버지이자 제우스 이전에 신들의 왕이었던 존재였습니다. 크로노스는 자신의 아버지인 하늘의 신 우라노스(Uranus)를 몰아내고 왕좌를 차지했으나, 자신도 아들에 의해 왕좌를 빼앗길 것이란 예언을 듣고 불안에 사로잡힙니다. 크로노스는 이 불안을 해결하기 위해 부인인 레아(Rhea)가 아이를 낳을 때마다 모두 삼켜버리는 방법으로 자신의 왕좌를 지키려 했습니다.

다섯 명의 아이가 남편에게 삼켜지는 것을 슬픔 속에 지켜보던 레아는 여섯 번째 아이를 임신하자 아이를 빼앗기지 않기 위해 속임

⟨자식을 삼키는 사투르누스(크로노스의 로마식 이름)⟩(1636년). 페테르 파울 루벤스

수를 쓰기로 합니다. 레아는 아이를 낳자마자 몰래 피신을 시킨 후, 적당한 크기의 돌을 천으로 감싸 자신이 조금 전에 출산한 아이인 척하며 크로노스에게 넘겨주었습니다. 크로노스는 돌덩이가 자신의 아이인 줄 알고 의심 없이 삼켰고, 그렇게 마지막 아이인 제우스는 무사히 자랄 수 있었습니다.

레아의 부탁을 받은 님프(그리스 신화 속 요정)들의 손에 자란 제우스는 성년이 되자 아버지에게 대항하기로 하였습니다. 그러나 혼자서 크로노스를 이기기엔 역부족이었기에 자신을 도와줄 수 있는 존재들이 필요했습니다. 고민 끝에 아버지 크로노스가 삼켰던 형제자매들을 구출하기로 한 제우스는 형제자매들을 구출할 방법을 찾기 위해 지혜의 여신 메티스와 상의했습니다. 그렇게 메티스는 크로노스에게 삼켜진 신들을 토하게 할 구토제(emetic medicine)를 만들어 주었습니다. 결국, 제우스는 구토제를 몰래 크로노스에게 먹이는 데 성공합니다. 크로노스는 자신이 삼켰던 자식들을 차례대로 토해냈습니다. 이렇게 구출된 신들이 헤스티아(Hestia), 헤라, 데메테르(Demeter), 포세이돈(Poseidon), 하데스였습니다. 이들은 원래대로라면 제우스보다 형이었고 누나였으나 삼켜졌다가 나중에 세상에 나왔기에 동생이 되었습니다.

현대의학에서 구토제는 환자가 강한 산성 물질 등을 음독했을 때 위에 있는 독성물질을 제거하기 위해 사용합니다. 흔히 황산구리(copper sulfate)나 황산아연(zinc sulfate) 등의 물질이 구토 작용을 일으킨다고 알려져 있습니다.

의사가 읽어주는 그리스 로마 신화

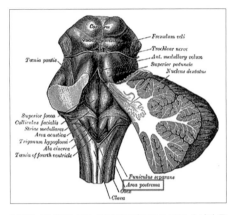

뇌간의 해부학적 구조. 맨아래구역(붉은색 원)은 숨뇌의 등
쪽면(dorsal surface)에 위치하고 있습니다.

구토 유발을 목적으로
하는 약물이 아니라 다른 목
적으로 사용하는 약물의 부
작용으로 구토가 일어나기도
합니다. 예를 들어, 약물 성
분에 도파민(dopamine) 계
통이 섞여 있는 경우(대표적
으로는 파킨슨병의 증상 치료
약제들)에는 숨뇌(medulla)

의 맨아래구역(area postrema)에 있는 구토 중추와 화학 수용기 유
발대를 자극하여 구역과 구토를 일으킵니다.

그리스 신화의 배경은 지중해 지역으로 그곳에는 회양목(Buxus
microphylla)과 같은 종류의 늘푸른떨기나무가 자랍니다. 회양목의
꽃이나 열매 등에는 북신(Buxin), 북시니딘(Buxinidin)과 같은 알칼
로이드 성분이 들어있는데, 이를 과용하면 구토, 설사 등이 일어날
수 있습니다. 크로노스 신화에 나온 구토제에도 이 성분이 들어가
있지 않았을까 하는 추측을 한번 해봅니다. 메티스가 만든 구토제는
그리스 신화에 등장하는 최초의 약물이라고 할 수 있겠습니다.

3

디오니소스의 광기

디오니소스(Dyonisos)는 제우스와 테베의 공주인 세멜레(Semele) 사이에서 태어났으며, 올림포스의 12주신 중 유일한 반신반인(半神半人)입니다. 탄생 과정부터 매우 비범했는데, 제우스와 세멜레 사이를 질투한 헤라가 세멜레의 유모로 변신해 세멜레에게 '제우스신의 본모습'을 보여줄 것을 (제우스에게) 요구하라고 충동질했습니다. 헤라의 말을 들은 세멜레는 제우스에게 자신을 사랑한다면 완전무장한 신의 모습으로 찾아와 달라고 부탁합니다.

신의 본모습을 보는 것이 무슨 문제일까 싶지만, 그리스 신화 속에서 신이 완전무장한 형태는 엄청난 빛과 열기를 뿜어낸다고 알려져 있습니다. 현대 과학으로 비유하자면 핵폭탄의 폭발을 바로 눈앞에서 마주하는 것과 비슷한 상태일 것입니다. 이 소원을 들은 제우스는 너무 놀라 세멜레에게 이 소원을 취소하라고 애원하기 시작합

의사가 읽어주는 그리스 로마 신화

니다. 사랑하는 여인을 죽게 만들 수는 없었기 때문이죠. 그러나 세멜레는 제우스가 진짜 신인지를 꼭 확인하고 싶었기에 뜻을 굽히지 않고 계속 고집을 피웠습니다.

어차피 한낱 인간이 비는 소원인데 그냥 무시하면 되지 않을까 생각할 수도 있겠지만, 여기에는 큰 문제가 있었습니다. 제우스가 세멜레와 사랑에 빠져서 그녀가 바라는 소원 한 가지를 반드시 들어주기로 '스틱스강'을 걸고 맹세했기 때문이었죠. 스틱스강을 걸고 한 맹세는 그 어떤 존재도 어겨서는 안 되는 것이었기에 반드시 지켜야만 했습니다. 제우스는 세멜레의 운명이 예견되어 너무 안타까웠지만, 결국 그녀의 소원을 들어주게 됩니다.

자신의 소원대로 제우스의 본모습인 신의 광휘를 마주한 세멜레는 그대로 전신이 불타올라 죽게 되었습니다. 귀스타브 모로(Gustave Moreau)가 그린 그림을 보면 절대적인 신 앞에서 무력해지는 인간의 모습이 잘 나타나 있는데, 마치 코즈믹 호러(cosmic horror) 물을 보는 듯한 느낌마저 듭니다.

헤라의 계략이 적중하여 자신을 사랑하는 신에 의해 죽게 된 세멜레는 디오니소스를 임신 중이었습니다. 제우스는 새까맣게 타버린 세멜레의 시체에서 태아를 꺼내어 자기 허벅지에 넣고 꿰맨 다음 그 안에서 아이가 자랄 때까지 기다렸습니다. 현대의학으로 보자면 예정일보다 일찍 태어난 미숙아를 인큐베이터에 넣고 키우는 것과 비슷하다고 할 수 있겠습니다.

이렇게 태어난 디오니소스는 헤라의 눈을 피해 여장을 하고 자

〈제우스와 세멜레〉(1894~1895년), 귀스타브 모로

랐으며, 성년이 되자 포도주 빚는 법을 터득하여 추종자들을 이끌고 다녔습니다. 포도주의 신으로 추앙을 받기 전에는 헤라의 저주로 광기(狂氣)에 취해 그리스 전역을 헤매기도 했는데, 키벨레(Cybele) 여신을 만나 치료받았다는 일화도 있습니다.

디오니소스는 광기의 신으로도 알려져 있는데, 이는 헤라의 저주 이야기뿐만 아니라 그의 추종자들이 술에 취한 채 벌이는 제의(祭儀) 혹은 축제 때문이기도 했습니다. 술에 취한 추종자들은 횃불을 들고 산과 들을 돌아다니다가 마주치는 모든 생물을 찢어 죽였다고 합니다.

가장 대표적인 희생자는 테베의 왕 펜테우스였습니다. 펜테우스는 디오니소스와 그의 신도들을 박해하다가 결국 디오니소스의 여신도들이었던 자기 어머니와 이모에게 잡혀 제물처럼 찢겨 죽는 비

펜테우스를 죽이는 아가베. 기원전 450년경.

극의 주인공이 되고 말았습니다. 어머니와 이모는 펜테우스를 멧돼지로 착각하고 덤벼들었는데, 펜테우스가 아무리 어머니와 이모라 부르며 애원해도 듣지 않았다고 합니다.

이 이야기는 술이 어떻게 인간의 이성을 마비시키는지를 비유하는 것으로 볼 수 있습니다. 술의 주성분인 알코올 자체는 GABA라고 하는 억제성 신경전달물질(inhibitory neurotransmitter)과 비슷한 역할을 합니다. 그래서 술에 취하게 되면 반응속도가 떨어지고 사고 능력도 저하됩니다.

디오니소스 신화에서 나오는 것처럼, 술로도 정신질환에 걸린 것과 같은 모습을 보일 수도 있습니다. 실제로 젊은 시절부터 술을 많이 마시고, 사회경제적 지위가 낮으며, 직업이 없이 혼자 사는 사람들에게서 알코올중독에 의한 정신병적 증상이 잘 나타나는데, 이는 디오니소스 신화 속 신도들의 모습과 얼추 비슷하다고 할 수 있습니다. 디오니소스의 신도들도 사회적으로 신분이 낮거나 소외된 사람들이 많았습니다. 여신도들이 많았던 것은 고대사회에서 여성들의 지위가 낮았던 것과 연관해서 설명할 수 있습니다.

어쨌든 술을 과도하게 마시면 중추신경계의 도파민 활성이 증가하고 도파민 수용체(dopamine receptor)를 변화시켜 환각을 느끼도록 만듭니다. 왠지 디오니소스의 추종자들이 사람을 짐승으로 착각하고 찢어 죽인 이야기를 설명할 수 있는 근거가 될 듯합니다.

이러한 알코올성 정신질환의 원인으로 자주 언급되는 술이 바로 압생트입니다. 사실 압생트의 성분을 자세히 살펴보면 특별히 신경독

의사가 읽어주는 그리스 로마 신화

성이 강한 술은 아닙니다. 그런데도 압생트가 알코올성 정신질환의 오명을 뒤집어쓴 것은 만성 알코올중독자가 남용했던 술 중 하나였기 때문인 것 같습니다. 1901년 빅터 올리바가 그린 〈압생트를 마시는 사람〉은 알코올중독에 걸린 사람을 아주 잘 묘사하고 있는데요, 그림 속에 있는 녹색 여성의 환영은 알코올에 의한 환각을 묘사하는 동시에 압생트의 별명인 녹색 요정(Green fairy)을 뜻합니다.

술은 그것이 주는 달콤함으로 인해 신이 내린 음료라고 여겨졌습니다. 하지만 과도한 그리고 잘못된 음용은 광기 그리고 중독 등 무서운 부작용을 일으켰습니다. 술을 인간에게 전해준 디오니소스가 광기의 신으로도 여겨지는 이유입니다. 현대의학에서도 술은 알코올에 의한 신경계 손상이나 갑작스러운 음주 중단 이후 발생하는

〈압생트를 마시는 사람〉(1901년), 빅터 올리바

진전 섬망(delirium tremens) 등 다양한 질환들로 인해 굉장히 골치 아픈 기호품으로 여겨집니다.

4
헤파이스토스의
추락 사고

신이라고 하면 강하고 완벽할 것이라는 생각이 떠오릅니다. 하지만 인간의 모습을 닮은 그리스 신화 속 신들은 우리가 생각하는 것만큼 강하지도 않고, 완벽하지도 않으며, 종종 다치기도 합니다. 이번에는 몸을 다쳐 장애를 갖게 된 신을 이야기하고자 합니다.

그리스 신화의 신들은 대부분 아름답고 건강한 육체를 지닌 것으로 묘사됩니다. 특히 태양의 신 아폴론이나 미의 여신 아프로디테는 완벽한 외모를 가진 것으로 그려지고, 지금까지도 미의 기준으로 여겨지고 있습니다. 이러한 완벽한 모습의 신들과 달리 추하게 묘사되는 신도 있습니다. 바로 대장장이의 신 헤파이스토스(Hephaestus)입니다.

헤파이스토스는 헤라의 아들로 탄생을 놓고는 몇 가지 설이 있습니다. 제우스와 헤라 사이에서 태어났다는 이야기도 있고, 제우스

가 수많은 인간 여성들과 염
문을 뿌리며 아이를 얻는 것
을 보고 분노한 헤라가 혼자
아이를 만들어 낳았다는 이
야기도 있습니다. 여성 혼자
아이를 만든다는 것은 의학
적으로는 설명하기 어려운 현
상이지만, 신화 속 이야기이
므로 넘어가기로 하겠습니다.

헤파이스토스

　헤파이스토스가 태어날
때부터 추한 외모에 절름발이
상태였는지에 대해서도 이야
기가 엇갈립니다. 날 때부터
그랬다는 이야기도 있지만,
태어났을 때는 별다른 이상이 없었는데 이후 사고로 장애가 생겼다
는 이야기도 있습니다. 제우스와 헤라가 다툴 때 헤라의 편을 들었다
가 그 모습을 보고 화가 난 제우스가 헤파이스토스를 발로 차버렸
고, 그때 올림포스 밖으로 튕겨 나가 땅으로 추락해 장애가 생겼다
는 것입니다.

　헤파이스토스는 천상의 올림포스에서 9일간 추락하여 에게해
북쪽에 있는 작은 섬 렘노스(Lemnos)에 떨어졌는데, 그때 얼굴과 몸
이 망가져 추남이자 절름발이 신이 되었습니다.

　의사가 읽어주는 그리스 로마 신화

〈제우스에 의해 추방되는 헤파이스토스(왼쪽 아래)〉(1761~69년), 가에타노 간돌피

실제 신화에서 헤파이스토스에게 추남(醜男)이란 언급을 하고 있는지는 명확하지 않습니다. 고대 그리스 사람들 기준에 절름발이 자체가 추하다는 이미지(건강하고 완벽하지 않은 육체 자체를 좋지 않게 생각했습니다)가 있어 추남이라고 부르는 것인지도 모릅니다. 여하튼 보통 인간이라면 추락으로 인해 사망했겠으나, 신인 헤파이스토스는 추락의 충격에도 부상만 입고 무사했습니다. 부상을 입는다는 것이 전능하기보다는 인간의 모습에 가까운 신들의 이야기인 그리스 신화이기에 가능한 이야기 아닐까 생각해봅니다.

비록 부상으로 인한 장애는 남았으나 빼어난 손재주를 타고난 헤파이스토스는 올림포스 12주신 중 한 명으로 많은 숭배를 받았습니다. 대장장이의 신이자 불꽃의 신으로서 말이죠.

그리스 신화에서도 다양한 이야기에 등장하며 활약하는데, 주로 대장장이 혹은 기술자로서 여러 가지 신기한 무기나 장신구를 만들거나 불꽃의 힘을 사용하는 것으로 나옵니다. 프로메테우스가 훔친 불이 헤파이스토스의 불이라는 이야기가 있으며, 프로메테우스를 결박한 쇠사슬을 헤파이스토스가 만들었다고도 합니다. 헤파이스토스는 로마에서는 불카누스(Vulcanus)라는 이름으로 불렸는데, 화산을 뜻하는 영어 단어인 볼케이노(Volcano)가 그의 이름에서 유래하였습니다.

∞

헤파이스토스 외에 그리스 로마 신화 속에서 추락을 겪은 '인간'들로는 벨레로폰(Bellerophon)과 이카로스(Icarus)가 있습니다. 벨레로폰은 키마이라(키마이라(Chimera)는 '키메라'라고도 불리며, 사자와 염소, 그리고 뱀이 섞여서 만들어진 형상의 괴수입니다. 생물학 용어인 키메라의 어원으로, 키메라는 생물학적으로 '하나의 생물체 안에 서로 다른 유전형질을 가지는 동종의 조직이 함께 존재하는 현상'을 의미합니다)와 싸워 이긴 유명한 영웅이었고, 이카로스는 미노타우로스를 가둔 미궁을 만들었던 위대한 발명가 다이달로스의 아들이었습니다.

의사가 읽어주는 그리스 로마 신화

벨레로폰은 페가수스를 타고 신들의 세계까지 가려다 제우스의 분노를 샀고, 제우스가 보낸 등에에 의해 페가수스가 물려 날뛰는 바람에 추락하게 됩니다. 이카로스는 다이달로스와 함께 밀랍과 깃털을 이용해 만든 날개(일종의 윙슈트)를 달고 높은 탑에서 탈출하다가 태양에 가까이 다가가 밀랍이 녹는 바람에 바다로 떨어지게 되죠.

이런 추락의 결과 이카로스는 바다에 빠져 익사합니다. 벨레로폰은 눈이 멀고 다리를 다쳐 장님이자 절름발이가 되었는데 이후 사람들의 손가락질을 받으며 방황하다 쓸쓸하게 죽어갑니다. 신이었던 헤파이스토스와 달리 인간이었던 둘은 추락의 여파로 죽거나 정상적인 사회생활을 할 수 없었던 것이죠.

현대 사회에서 응급실에 방문하는 외상 환자들의 부상 원인 중 많은 수가 추락 사고에 의한 것입니다. 사람의 경우에는 10미터 정도의 높이에서 추락해도 머리나 목 부위의 손상을 포함한 전신의 다발성 골절이 발생할 수 있고, 그로 인해 사망 위험도도 높아집니다. 헤파이스토스의 경우에는 신이라고 하는 특수성 때문인지 하늘에서 추락했음에도 불구하고 다리의 골절 혹은 척추 골절 정도가 발생한 것처럼 보입니다. 현실에서 추락사고가 발생하면 환자는 최초의 부상 정도 혹은 뼈나 신경 등의 손상 정도에 따라 치료를 시행해도 후유증으로 심한 장애가 남거나 사망할 수도 있습니다.

5

뇌전증,
키벨레와 포세이돈

뇌전증(Epilepsy)은 가장 흔한 신경질환 중 하나로, 예전에는 간질이
라는 이름으로 불렸습니다. 전 세계적으로 대략 4천만 명의 사람들
이 이 질환을 겪고 있다고 합니다. 현대의학에서는 뇌파를 비롯한 다
양한 의학 검사방법을 통해 뇌전증이 일시적(혹은 드물긴 하지만 지속
적)인 뇌 신경세포의 불규칙적인 이상흥분현상 및 이상동기화 현상
에 의해 발생한다는 것을 알게 되었습니다. 그러나 과학 기술이 발달
하지 않았던 과거에는 '신'이나 '악령'에 의해서 일어나는 현상이라고
생각했던 질병입니다.

뇌전증은 고대부터 관찰되었고, 환자와 그 현상을 마주하는 모
든 사람에게 놀라움과 공포를 주는 신비한 질환이었습니다. 수많은
구전, 문헌, 그리고 다양한 예술작품이 뇌전증을 묘사하고 있습니다
만, 19세기에 뇌파를 측정하는 기술이 발명되기 전까지는 이 질환의

의사가 읽어주는 그리스 로마 신화

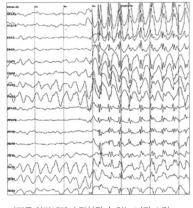
뇌전증 환자에서 관찰될 수 있는 뇌파 소견

원인을 정확히 알지 못했습니다. 자신들이 잘 알지 못하는 현상을 설명하고 싶어 하는 본능이 있는 인간들은 뇌전증의 병리 기전을 '신'에게로 돌렸습니다. 뇌전증은 신이 일으킨 질환이라는 것입니다. 이런 이유인지 뇌전증의 영어 단어인 '에필렙시(Epilepsy)'의 기원은 '사로잡히다'라는 뜻의 고대 그리스어인 'Epilambanein'입니다. 고대 사람들은 뇌전증이 신에게 사로잡혀서 나타난 것이고, 신이 내린 신성한 병(sacred disease)이라고 여겼습니다.

의학의 아버지로 불리는 히포크라테스가 활동하던 시기에는 뇌전증을 환자의 증상에 따라 각각 다른 신이 일으킨다고 생각했습니다. 히포크라테스 전집에 나오는 내용을 살펴보면, '이를 갈면서 오른쪽 팔다리를 떠는 발작(seizure)'은 키벨레 여신에 의해 발생한 것이고, '말처럼 비명을 지르는 발작'은 포세이돈에 의해 생겨나는 것이라고 기술하고 있습니다.

발작 순간의 모습을 비교적 명확하게 묘사해놓은 탓에 현대 신경과의사의 관점에서도 위의 증상들은 뇌전증파(epileptiform discharge)가 시작되는 부위의 국소화(localization)가 가능합니다. 키벨레 여신이 일으킨다고 생각한 발작은 이를 가는 자동증(automatism)이 있다가 오른쪽 팔다리의 간대 운동(clonic movement)이 나타나는 것으로 보아 좌측 측두엽 뇌전증(temporal lobe epilepsy, TLE)으로 생각할 수 있습니다. 그리고 포세이돈이 일으킨다고 하는 '말처럼 소리 지르는 발작'은 크게 소리 지르는 증상(vocalization)이 나타나는 전두엽 뇌전증(frontal lobe epilepsy, FLE)일 가능성이 커 보입니다. 특히 '말처럼' 소리 지른다는 표현을 볼 때, 크게 소리 지르면서 말이 달리듯 팔다리를 움직이는 모습을 보였을 거라는 추측을 해볼 수 있고, 그러한 임상 양상은 전두엽 뇌전증의 증상과 매우 흡사합니다.

각각의 뇌전증 증상에 왜 키벨레와 포세이돈이라는 신을 원인으로 연결했는지를 추론하려면 두 신과 관련된 그리스 신화의 내용을 좀 더 자세히 살펴보는 것이 필요합니다.

키벨레는 소아시아 지방에서 숭배되던 대지모신(大地母神)이 그리스 신화 속으로 편입된 신으로 알려져 있습니다. 전하는 이야기에 따르면 제우스의 딸이라는 이야기가 있는데, 이와 반대로 제우스의 어머니인 레아 여신의 다른 이름이라는 설도 있습니다. 어쨌든 이 신은 로마 시대까지도 많이 숭배되던 존재로 그리스 신화 속의 모습을 살펴보면 '불경에 대한 엄격함'과 '광기를 일으키거나 치료하는 능력'이 있는 것으로 그려집니다.

불경함에 대한 엄격함은 아탈란테(Atalanta) 이야기에서 볼 수 있습니다. 아르카디아(Arcardia)의 공주인 아탈란테는 자신의 남편과 키벨레 여신의 신전에서 사랑을 나누는 바람에 불경죄로 벌을 받왔고, 한 쌍의 사자가 되어 영원히 여신의 마차를 끌게 되었다고 합니다. 물론 그리스 신화 속 신들 대부분이 자신의 신전을 더럽히거나 모욕하는 인간에게 무거운 벌을 내리는 것으로 알려져 있으나, 한 나라의 공주였던 여성이 짐승으로 변해 영원히 마차를 끄는 노역을 하게 한 형벌은 키벨레 여신의 엄격함을 강조하기에 부족함이 없습니다.

키벨레 여신과 광기와의 연관성은 그녀가 제우스의 딸로 묘사되는 신화를 살펴보면 알 수 있습니다. 키벨레 여신은 신들의 왕인 제우스의 정액에서 탄생했는데, 처음 태어난 순간에는 남성과 여성의 성기를 모두 지니고 있었다고 합니다. 그 모습을 이상하게 여긴 신들이 키벨레 여신의 남성기를 잘라 강에 버렸는데, 거기에서 아티스(Attis)라는 남성이 태어납니다.

키벨레의 신체 일부에서 태어났다는 점에서 아티스는 그녀의 아들로도 볼 수 있습니다. 하지

키벨레 조각상. 키벨레 여신의 마차를 끄는 두 마리의 사자가 바로 아탈란테와 그녀의 남편이 변신한 모습입니다.

만 공교롭게도 그녀는 아티스와 사랑에 빠지게 되죠. 키벨레는 아티스가 한눈팔지 못하게 하려고, 그의 정신에 광기를 불어넣습니다(아티스가 다른 여자에게 한눈을 팔아서 광기를 불어넣었다는 이야기도 있습니다). 그러나 그 광기로 인해 아티스는 자신의 성기를 돌로 찧어서 자해해 죽어버리고, 둘의 사랑은 결국 비극으로 끝이 납니다.

키벨레 여신은 이처럼 사람을 죽음에 이르게 만드는 무서운 광기를 불어넣기도 했으나, 반대로 광기를 치유하는 힘을 보여주기도 했습니다. 앞서 언급한 술의 신인 디오니소스가 헤라의 저주로 미쳐서 온 그리스 땅을 헤매다가 키벨레의 신전에 도착하였을 때, 그녀의 권능으로 광기가 사라졌다고 합니다. 이러한 신화들을 볼 때 키벨레가 고대 사람들로부터 광기를 자유롭게 다루는 존재로 여겨졌음을 추측할 수 있습니다.

키벨레 여신의 이야기를 마무리하면서, 위의 신화들과 키벨레 여신에 의해 일어났다고 믿었던 발작 간의 연관성을 한번 보겠습니다. 좌측 측두엽 뇌전증은 정신분열양 정신증(schizophrenia-like psychoses of epilepsy)이 나타나는 경우가 있습니다. 어려운 단어이지만, 일종의 조현병(예전 이름 정신분열증)처럼 보이는 이상 행동을 보인다는 뜻이죠. 이러한 정신분열양 정신증과 함께 나타나는 우측의 간대 운동(근육의 수축과 이완이 반복되어 떨리는 것처럼 보이는 증상)은 좌측 측두엽 뇌전증을 생각해볼 수 있습니다. 아마도 고대 그리스 사람들은 이를 갈고 오른쪽 팔을 떠는 발작이 광기처럼 보이는 정신병적 증상과 함께하는 경우를 종종 목격하고, 이 병이 광기를 다스리며, 불경한 자에게 엄격한 여신인 키벨레가 만든 것 혹은 여신이 내린 벌이라고 상상한 것 아닐까 하는 생각을 합니다.

∞

그렇다면 포세이돈은 어떤 이유로 '말처럼 소리를 지르는 발작'과 연관이 되었을까요? 대부분의 사람들은 포세이돈이 그리스 신화 속 대표적인 12주신 중 하나이며, 삼지창을 들고 바다를 다스리는 신으로 알고 있을 것입니다. 바다의 신이라는 개념만을 생각하면 특별히 뇌전증과 같은 질병과 연관될 여지는 보이지 않습니다. 하지만 그리스 신화를 좀 더 살펴보면, 포세이돈은 '말의 신'이라는 별칭을 붙여도 될 만큼 말과 관련된 이야기들이 많은 신이기도 합니다.

우선 가장 유명한 일화로는 그리스의 도시인 아테네의 소유권을 두고 전쟁의 여신 아테나와 경쟁한 사건이 있습니다. 서로 도시의 수호신이 되겠다고 다투던 두 신은 결국 도시 주민들의 의견을 들어 결정하기로 하였습니다. 결정 방법은 주민들에게 더 유용한 선물을 내리는 신을 도시의 수호신으로 삼는 것이었습니다. 이 경쟁에서 아테나는 올리브 나무를 포세이돈은 말을 주었는데, 이 중에서 올리브 나무가 더 도움이 된다고 생각한 주민들은 도시의 수호신을 아테나로 결정했습니다. 비록 경쟁에서는 패했으나 포세이돈은 말을 인간들에게 준 신으로서, 말의 조련자, 경마의 수호신 등으로 불리게 되었습니다.

〈아테네의 도시에 이름을 지어주기 위하여 논쟁을 벌이는 아테나와 포세이돈〉(1748년), 노엘 알레

　　이 외에도 곡물과 수확의 여신 데메테르(Demeter)와는 신마(神馬) 아리온(Arion)을, 자신과 눈이 마주친 모든 생물을 돌로 만드는 힘을 가진 괴물로 유명한 메두사(Medusa)와는 천마(天馬) 페가수스(Pegasus)를 낳았다는 이야기도 있어, 포세이돈과 말이 얼마나 밀접한 관계가 있는지 알 수 있습니다(메두사가 죽을 때 흘린 피에서 페가수스가 탄생했다는 이야기도 있습니다). 이처럼 '말의 신'으로도 볼 수 있는 포세이돈이기에 말처럼 소리를 지르는 발작을 일으키는 환자를 본 그리스 사람들은 그 증상이 포세이돈에 의해 나타난 것이라고 믿

의사가 읽어주는 그리스 로마 신화

었습니다.

　이것이 신화의 시대인 고대를 살았던 사람들이 병이 발생하는 원인을 설명하는 방식이었습니다. 항뇌전증약물(antiepileptic drug, AED)과 같은 치료제가 없던 당시에는 질병을 일으킨다고 생각했던 신에게 기도를 올리며 치유를 기원하는 것이 최선이었을 것입니다. 비록 현대의 관점에서 볼 때 아무런 의미 없는 진단과 치료방식일지라도 증상에 대한 원인 설명과 그에 대한 대처 방법을 찾으려는 사람들의 노력이 쌓이고 쌓여 이 시대의 의학적 진단과 치료법을 발견하는 원동력이 된 것이 아닐까 하는 생각을 합니다.

6
에리식톤의 폭식증

바야흐로 '먹방'(음식을 먹는 모습을 보여주는 방송)의 시대입니다. 맛있게, 많이 먹는 모습을 보여주는 것만으로도 스타 유튜버로 등극하는 사람들이 늘어나고 있으며, 어린이들도 종종 이런 먹방 유튜버의 세계에 도전하기도 합니다. 왜 먹방이 유행하게 되었는지를 분석하면 여러 가지 이유가 있을 것입니다. 하지만 여기서는 먹방의 심리학적, 사회과학적 분석은 뒤로하고 그리스 신화에 등장하는 먹방의 대가(어쩌면 병적인 탐식가)를 소개하고자 합니다.

에리식톤(Erysichthon)은 테살리아의 왕(혹은 지주나 부유한 상인으로도 알려져 있습니다)으로 아주 부유하고 거만했습니다. 또한, 그는 고대 그리스 신화에서 인간이 가장 멀리해야 하는 부덕(不德)인 신에 대한 불경을 보이는 사람이었습니다.

에리식톤은 농경지를 더 넓히기 위해 농경의 여신인 데메테르에

의사가 읽어주는 그리스 로마 신화

〈하마드리아데스〉(1870년), 토머스 헨리

게 바쳐진 거대한 숲을 없애 버리려고 마음을 먹었습니다. 그리고 그 숲을 없애는 과정에서 여신의 신목(神木)으로 숭배되며 화관으로 장식된 숲속 한가운데 서 있는 거대한 참나무를 베어버립니다.

이 거대한 참나무는 단순한 식물이 아니라 님프인 하마드리아데스(Hamadryade)가 변신한 매우 신성한 나무였습니다. 나무를 베면 여신의 노여움을 살 것이 불 보듯이 뻔했기에 에리식톤의 가족들과 하인들은 모두 그를 말렸습니다. 신실한 성격의 늙은 하인 한 명은 나무 앞을 막아서다가 도끼에 베여 죽기도 했죠. 그러나 모두의 노력에도 에리식톤의 고집을 꺾기엔 역부족이었고, 결국 그의 도끼질이 참나무에 닿게 되었습니다.

첫 도끼질에 참나무에서 피가 흘러내리고 신음이 들려왔으나 에리식톤은 도끼질을 멈추지 않았습니다. 결국 참나무는 베어져 큰소리를 내며 땅에 쓰러졌습니다. 참나무 속에 깃든 님프의 영혼은 '이 원한은 데메테르 여신께서 갚아 주실 것이다'라고 저주를 내렸습니다. 숲속의 다른 정령과 짐승들도 나무요정의 죽음을 목 놓아 통곡하였습니다. 이 광경을 보고도 에리식톤은 놀라거나 반성하지 않았습니다. 결국, 데메테르의 징벌만이 그를 기다리고 있었습니다.

데메테르는 크게 분노하여 그녀가 평소라면 절대 만나지 않았을 신에게 불경자에 대한 벌을 내릴 것을 부탁하였습니다. 그 신은 바로 기아(飢餓)의 여신인 리모스(Limos)였습니다. 리모스는 제우스와 불화와 분쟁의 여신인 에리스(Eris) 사이에서 태어난 딸로 황폐함과 배고픔을 지배하는 여신이었고, 얼어붙은 땅에서 혼자 살고 있었습니

의사가 읽어주는 그리스 로마 신화

다. 그녀의 곁에 다가가는 자는 누구나 견딜 수 없을 만큼 심한 배고
픔을 느끼게 되는데, 데메테르가 이 여신에게 에리식톤의 형벌을 담
당하도록 했던 것입니다. 이 징벌을 부탁하기 위해 데메테르는 정령
하나를 보내 뜻을 전달하였는데, 그 정령조차 리모스를 보자 허기를
견디지 못해 아주 멀리서 데메테르의 부탁만 겨우 전하고 돌아갔다
는 이야기가 전합니다.

리모스는 불경한 에리식톤를 벌하기 위해 자신이 머무르던 땅을
떠나 테살리아로 왔고, 밤에 몰래 에리식톤의 침실로 숨어들어 잠자
고 있는 그의 피에 자신의 피를 섞어 놓고 돌아갔습니다.

〈리모스에게 데메테르의 말을 전하는 님프〉(1606년), 안토니오 템페스타

이튿날 아침, 잠에서 깬 에리식톤은 이제껏 단 한 번도 겪어본 적 없는 끔찍한 배고픔에 시달리게 됩니다. 그는 이 배고픔을 해소하기 위해 끊임없이 먹었으나 배고픔은 그칠 줄 몰랐습니다. 결국, 먹는 것에 모든 재산을 탕진하고도 배고픔은 끝나지 않았습니다. 모든 재산을 처분해버린 에리식톤은 자신의 딸인 메스트라(Mestra)까지 팔아서 식량을 샀습니다. 아버지와 달리 매우 신실하고 착한 소녀였던 메스트라는 포세이돈의 사랑을 받아 변신 능력이 있어 팔려갈 때마다 다른 동물로 변신을 한 다음 탈출해서 아버지 곁으로 돌아왔다고 합니다. 그러나 에리식톤은 계속 돌아오는 딸을 신기하게 여기지도 않았고, 그저 딸을 다시 팔 수 있다는 사실에 기뻐하며 메스트라를 팔아 식량을 구했습니다.

그러던 어느 날 식량 대신 팔려갔던 메스트라는 평소보다 늦게 돌아왔습니다. 딸이 돌아오기 전에 이미 식량을 다 먹고도 배고픔을 이길 수 없었던 에리식톤은 자기 몸을 먹어치우기 시작했습니다. 발과 손부터 시작해 전신을 뜯어먹던 그는 결국 치아만 남았음에도 계속 굶주림에 시달렸다고 합니다.

이 이야기에서 병적인 식욕을 보이는 에리식톤을 보면 정신건강의학과에서 다루는 폭식증의 모습과도 비슷해 보입니다. 폭식증을 뜻하는 영어 단어인 '불리미아(Bulimia)'는 어원이 bous(황소)와 limos(바로 기아의 여신 이름입니다)인데, 이는 소를 먹어치울 만큼의 배고픔을 뜻합니다. 신의 저주로 인해 병적인 식욕을 갖게 된 에리식톤의 모습을 보면, 간접적으로나마 섭식장애의 고통을 엿볼 수 있습

〈딸을 파는 에리식톤〉(1625년), 얀 스테인

니다.

　물론 현대의학에서 진단하는 폭식 장애(Binge eating disorder)는 조절되지 않는 식욕으로 일정 시간 동안 과도하게 음식을 섭취하는 질환이고, 신경성 폭식증(Bulimia nervosa)은 허기 자체보다는 정서적 스트레스로 인해 유발되는 반복적인 과다 음식 섭취와 그에 대한 반대급부로 구토와 극심한 다이어트를 반복하는 질환입니다.

　폭식 장애나 신경성 폭식증은 에리식톤이 겪은 마르지 않는 허기에 의한 폭식증과는 그 양상이 다릅니다. 그러나 그로 인한 환자의 불편감은 에리식톤 못지않으므로 적절한 치료가 필요합니다. 현대의학에서 진단하는 섭식장애들은 인지행동 치료와 약물치료 등으로 조절합니다.

　　　　　　　　　　　　　　　의사가 읽어주는 그리스 로마 신화

7

히드라의 독

그리스 신화에는 신들만큼이나 위대한 영웅들이 많이 등장합니다. 이들 영웅은 수많은 괴물과 싸우고, 전투에 참여해 용맹한 모습을 보여주죠. 신화에 등장하는 영웅 이야기만 따라가도 그리스 신화의 많은 부분을 볼 수 있습니다. 신화에서 영웅들은 영광스럽게 살아가지만, 또 안타깝게도 대부분은 여러 가지 방식으로 비극적인 최후를 맞이합니다. 이 비극적인 최후에는 '독(毒)'이 개입될 때가 종종 있습니다. 여기서는 과연 어떤 독이 영웅들을 무너뜨렸는지를 이야기하고자 합니다.

그리스 신화 속 가장 위대한 영웅을 이야기할 때 항상 첫손에 꼽는 존재는 바로 헤라클레스(Hercules)입니다. 제우스와 미케네(Mykines)의 공주인 알크메네(Alcmene) 사이에서 태어난 반신반인 헤라클레스는 태어난 직후부터 헤라 여신이 자신을 죽이기 위해 보

〈헤라클레스의 어린 시절〉(1676년), 베르나르디노 메이

낸 뱀들을 눌러 죽일 만큼 비범한 능력을 타고났습니다.

　헤라클레스는 살아생전 수많은 괴물을 없앴고, 여러 가지 모험에 참여하여 그리스 전역에 이름을 날렸습니다. 특히 그가 행한 12가지 노역은 하나하나가 어지간한 영웅들의 위업에 맞먹는 대단한 사건들이었습니다. 열두 가지 노역 중에서도 특히 두 가지가 유명합니다. 칼이나 활로도 상처를 입힐 수 없는 가죽을 지닌 거대한 사자(네메아의 사자)를 맨손으로 목 졸라 죽인 것과 아무리 베어도 다시

헤라클레스와 히드라

살아나는 불사의 머리를 지닌 히드라를 제압한 사건입니다. 이 일로 헤라클레스는 그리스의 어떤 영웅도 범접할 수 없는 수준의 위용을 보여주었습니다.

특히 히드라와의 싸움은 헤라클레스에게도 매우 어려운 과업이었는데, 아무리 죽여도 또 머리가 자라나 결국 베어낸 부분을 불로 지져 재생을 막고 불사의 머리는 큰 바위로 눌러버리는 식으로 공격해서야 겨우 싸움을 마칠 수 있었습니다. 항상 완벽한 승리를 이뤘던 헤라클레스를 가장 고전하게 만든 괴물이었던 것이죠. 게다가 히드라와의 싸움의 부산물은 큰 비극을 불러옵니다. 헤라클레스의 비참한 죽음이라는 형태의 비극을 말이죠.

수많은 역경을 이겨내고, 또 다른 신화 속 영웅인 멜레아그로스(Meleagros)의 여동생 데이아네이라(Deianeira: '남편을 다치게 한 여

인'이라는 뜻입니다)와 결혼하여 안정된 생활을 하던 헤라클레스였으
나 결국은 사랑하는 아내에 의해 목숨을 잃게 됩니다.

헤라클레스는 데이아네이라와 결혼하기 위해 강의 신 아켈로오
스(Achelous)와 결투를 벌여 승리합니다. 결투에서 승리한 그는 데
이아네이라와 함께 강을 건너면서 켄타우로스 종족의 하나인 네소
스(Nessus)의 도움을 받았습니다. 하지만 데이아네이라를 업고 강을
건너가던 네소스가 갑자기 음심(淫心)을 품고 그녀를 납치하려 했습
니다.

강을 먼저 건넌 헤라클레스가 그 광경을 목격하고는 자신이 물
리쳤던 괴물인 히드라의 독이 묻은 화살을 날려 네소스를 맞혔습니
다. 화살에 맞은 네소스는 죽어가면서도 이들 부부에게 의심이 싹틀
만한 이야기를 남겼습니다. 데이아네이라에게 '언젠가 남편이 다른
여자를 좋아하게 되면, 자신의 피가 묻은 옷을 입혀라. 그렇게 하면
남편의 마음이 돌아올 것이다'라고 말하고 숨을 거둔 것이죠.

17세기경 노엘 쿠아펠이 그린 그림은 이 이야기를 축약해서 잘
보여줍니다. 납치로 인해 놀란 데이아네이라와 성난 얼굴로 쫓아오는
헤라클레스, 그리고 화살을 맞아 피를 흘리며 죽어가면서 그 피를
옷에 묻혀보라는 암시를 주는 네소스까지 말이죠.

순진했던 데이아네이라는 네소스의 피를 일종의 사랑의 묘약인
것으로 생각해 보관했는데, 얼마 후 결국 그 피를 사용하게 되는 순
간이 오게 됩니다. 헤라클레스가 12가지 노역을 완수한 후 오이칼
리아(Oechalia: 고대 그리스의 트라키아 지방)의 공주인 이올레(Iole)를

의사가 읽어주는 그리스 로마 신화

〈헤라클레스, 데이아네이라, 켄타우로스 네소스〉(17세기경), 노엘 쿠아펠

얻기 위한 활쏘기 내기를 했고, 내기에서 이긴 헤라클레스는 약속대로 이올레를 아내로 맞이하게 되었다는 소식이 데이아네이라의 귀에도 들어간 것입니다. 전승에 따라서는 조금 더 잔인하게도 데이아네이라에게 이올레와의 결혼식 때 자신이 입을 예복을 준비시켰다고도 합니다. 어쨌든 남편이 다른 여성과 결혼하게 될지도 모른다는 이야기를 듣고 놀란 데이아네이라는 이럴 때를 대비해 고이 보관해 놓았던 네소스의 피를 사용하기로 마음먹었습니다.

데이아네이라는 헤라클레스가 가져다 달라던 옷에 네소스의 피를 묻혔고, 그 옷을 입은 헤라클레스는 네소스 피 속에 녹아 있던 히드라의 독으로 인해 살이 타들어 가는 듯한 고통을 느꼈습니다. 고통에 몸부림치던 헤라클레스는 옆에 있던 시종까지 던져버리며 발버둥을 치면서 옷을 벗으려 했으나 살갗에 달라붙은 옷은 떨어지지 않았습니다. 옷에 묻은 독 때문에 천 자체가 피부에 들러붙은 것이었습니다. 결국, 헤라클레스는 자신의 피부와 함께 옷을 찢어버리지만, 통증은 멈추지 않았고, 그 광경을 본 데이아네이라는 자신이 네소스에게 속았음을, 그리고 남편을 해치게 되었음을 깨닫고는 절망한 나머지 자살하고 말았습니다.

끔찍한 고통을 받던 헤라클레스는 죽으려 했으나 제우스의 피를 이은 반신(半神)인 데다 태어나자마자 헤라의 젖을 먹은 적도 있어서 죽을 수가 없었습니다. 이대로 영원히 고통받을 수는 없다고 생각한 헤라클레스는 오이타(Oita)산 꼭대기에 올라 거대한 장작더미 위에 몸을 얹고 불을 질렀으며, 제우스에게 자신의 불사(不死) 능력을 거두어 달라고 기원한 끝에 겨우 죽음에 이를 수 있었습니다.

여기서 나오는 '히드라의 독'은 그리스 신화에서 굉장히 자주 언급되는 강력한 독성물질입니다. 히드라라는 괴물이 거대한 뱀의 형상(물뱀이라는 표현도 나옵니다)을 한 것을 고려할 때, 아주 강력한 독성을 지닌 뱀독을 상상하며 만든 이야기로 생각할 수 있습니다. 실제로 지금보다 자연환경과의 접촉이 많았던 고대에는 뱀과 같은 야생동물의 공격으로 인한 중독 증상으로 사망하는 사람도 많았을 것입니다. 그뿐만 아니라 전쟁이나 사냥에서 독을 화살이나 칼에 묻혀서 사용하기도 했습니다.

뱀의 독은 크게 신경마비를 일으키는 신경독과 출혈을 일으키는 용혈성 독으로 나뉘는데, 뱀의 독은 독니에 물린 상처를 통해 흘

의사가 읽어주는 그리스 로마 신화

〈장작더미 위의 헤라클레스〉(1617년), 귀도 레니

러 들어가 사냥감을 중독시킵니다. 화살이나 칼날에 묻은 독도 마찬가지로 상처를 통해 독이 들어갑니다. 그러나 헤라클레스 이야기처럼 옷에 바른 독이 피부를 통해 스며들어 죽음에 이르게 되는 것은 실제로는 일어나기 어렵습니다. 헤라클레스 이야기는 아마도 신화 속에서 히드라가 가진 맹독의 강력함을 강조하고, 헤라클레스의 비극적인 죽음을 보여주기 위한 문학적 장치일 가능성이 큽니다.

물론 뱀독이 아닌 독성물질 중에는 실제로 피부를 통해 스며들어 중독 증상을 일으키는 것들도 있습니다. 대표적인 것으로 제1차 세계대전 중 사용된 겨자가스(정식명칭은 설퍼 머스터드(Sulfur mustard)입니다)가 있습니다. 독일 과학자에 의해 개발된 이 독성물질은 화학탄 혹은 전투기를 통해 공중 살포 형태로 전장에 뿌려졌습니다. 이 가스에 노출된 사람은 피부에 커다란 물집이 발생하며, 전신에 3도 화상까지도 입을 수 있습니다. 노출된 부위에 따라 눈이 멀거나 폐수종을 일으키기도 하고, 피부 병변에 대한 2차 감염으로도 사망할 수 있는 강력한 독극물이었습니다.

존 싱어 사전트의 그림 〈개스드(gassed)〉를 보면 중앙에 눈먼 채로 걸어가는 병사들과 아래쪽에 비참하게 쓰러져 있는 병사들의 모습이 겨자가스의 무서움을 보여주고 있습니다. 고통받는 병사들의 모습이 장작더미 위에 올라 죽음을 애원하던 헤라클레스와 겹쳐 보이는 듯합니다.

겨자가스는 고대 그리스에는 존재하지 않았던 인공 화학물질이지만, 헤라클레스의 고통스러운 사망 과정을 볼 때, 독성과 흡수 방

법 면에서 가장 흡사하다고 볼 수 있습니다.

　신화 속에서 헤라클레스를 죽음으로 몰아간 뱀독은 현대에는 일부 성분을 추출하여 기능성 화장품으로 이용하기도 합니다. 소베놈(sovenom)이라는 살무사(Gloydius blomhoffii) 독의 불활성화 성분을 이용하여 피부 주름을 개선하고 미백 효과를 내는 것이죠. 독이 묻은 옷을 입고 죽은 헤라클레스가 알게 된다면 허탈한 웃음을 지을지도 모르겠습니다.

〈개스드〉(1919년), 존 싱어 사전트

∞

독에 의해 죽음에 이른 또 다른 위대한 영웅으로는 트로이 전쟁에서 활약한 아킬레우스가 있습니다. 그리스 고대 도시 왕국인 프티아의 왕자로 바다의 님프(단순히 요정은 아니고 티탄 신족인 네레우스의 딸)인 테디스(Tetis)의 아들로도 유명합니다. 아킬레우스는 태어났을 때 테티스가 불사의 능력을 주고 싶어 해서 스틱스(Styx)강에 담갔는데(혹은 필멸성을 없애기 위해 불에 넣었다는 전승도 있습니다), 이때 테티스가

의사가 읽어주는 그리스 로마 신화

발뒤꿈치를 잡고 있었던 터라 그 부분만 강물에 제대로 닿지 않아 아킬레우스의 유일한 약점이 되었다고 합니다.

비록 아킬레우스는 완벽한 불멸성을 얻지는 못했으나 뛰어난 전사로 자라났고, 결국 그 용맹함을 들은 그리스 장수들의 청으로 트로이 전쟁에 참여하게 되었습니다. 그렇게 트로이 전쟁에 참여한 아킬레우스는 수많은 트로이의 장수와 병사들, 그리고 트로이의 동맹국 전사들을 참살하여 그리스군이 승리하는 데 가장 큰 공을 세웁니다. 아킬레우스가 죽인 유명한 전사들로는 트로이의 가장 강한 장수이자 첫째 왕자인 헥토르(Hector), 아마존의 여왕인 펜테실레이아(Penthesileia), 그리고 에티오피아의 왕인 멤논(Memnon) 등이 있습니다. 한 명 한 명이 아주 뛰어난 전사였기에 이들 장수를 잃은 트로이는 전쟁에서 열세에 몰리게 되었습니다.

트로이와 그리스 양측 모두 10년의 전쟁을 치르며 지쳐가는 도중 헥토르의 장례식에 참석한 아킬레우스는 트로이의 공주 폴릭세네(Polyxena)를 보고 한눈에 반해 그녀와 결혼하고 싶다는 뜻을 트로이 측에 전달합니다. 그러나 사랑에 빠진 아킬레우스의 달콤한 생각과는 달리, 이 결혼식을 형제 헥토르의 죽음에 대한 복수의 기회로 여긴 트로이 왕가의 사람들은 아킬레우스를 해칠 방법을 모의합니다. 무적의 용사라고 알려진 아킬레우스를 암살하는 방법을 알아내기 위해, 파리스와 폴릭세네는 아폴론 신전에 찾아가 기도를 올렸습니다. 트로이에 호의적이었던 아폴론 신은 이들에게 아킬레우스를 죽일 방법을 알려주기 위해 신탁을 내렸습니다. 바로 아킬레우스의 약점인 발뒤꿈치를 쏘면 된다는 내용의 신탁을 말이죠. 이렇게 아킬레우스의 약점을 알아낸 파리스는 폴릭세네와의 결혼 생각에 들떠 있는 아킬레우스의 발뒤꿈치에 화살을 명중시켜 그를 죽음에 이르게 만듭니다.

아이러니하게도 아킬레우스를 죽인 파리스는 후에 그리스군이 구해온 '헤라클레스의 화살'에 맞아 죽게 되는데, 이 화살에 묻어 있던 독이 바로 헤라클레스 이야기에 나온 히드라의 독이었습니다. 사

〈아킬레우스의 죽음〉(1630~35년), 페테르 파울 루벤스.

실 이때 파리스는 헤라클레스와 달리 살아날 방법이 있었습니다. 바로 자신의 전(前) 부인(파리스가 그리스 최고 미녀인 헬레네와 사랑에 빠지기 전에 결혼했던)인 님프 오이노네(Oenone)가 독을 해독할 방법을 알고 있었기 때문입니다. 화살을 맞고 죽을 위기에 처한 파리스는 오이노네에게 연락을 했으나, 이미 마음이 크게 상해 있던 오이노네는 처음에는 그의 부름에 응하지 않았습니다. 그러나 옛정이 있어서인지 결국 파리스를 구해주기로 마음먹고 트로이에 갔습니다. 하지만 이미 파리스는 죽어버린 후였습니다. 파리스가 죽어 절망에 빠진 오이노네는 슬픔을 이기지 못하고 자살합니다.

현대에 독을 뜻하는 영어 표현인 톡신(Toxin)은 그리스어인 톡시콘(Toxicon)에서 유래했는데, 이것은 화살을 의미합니다. 고대에 독을 묻힌 화살을 전투 무기로 많이 활용하던 것에서 유래한 표현인 것으로 보입니다. 여기서 살펴본 두 이야기에서 모두 화살에 묻힌 독이 영웅을 죽음으로 몰아간 것을 보면 참으로 의미심장한 단어가 아닐 수 없습니다.

8

끝없는 노화의 비극,
티토노스

반인반신이었던 헤라클레스는 히드라의 독에 중독되어 고통받다 참
지 못하고 죽음을 선택했으며, 스틱스강에 발뒤꿈치가 잠기지 않았
던 아킬레우스는 아킬레스건에 화살을 맞아 죽음에 이릅니다. 이렇
듯 삶과 죽음, 불멸과 영생의 이야기는 신화에서 곧잘 등장하는 주제
입니다. 그렇다면 만약 죽지 않고 영원히 늙어가기만 한다면 어떻게
될까요? 이번 이야기는 바로 노화에 대한 것입니다.

　　트로이의 왕족 중에서는 외모가 뛰어난 사람이 많았습니다. 앞
의 이야기에서 나왔던 파리스나 폴릭세네처럼 말이죠. 트로이의 왕
자였던 티토노스(Tithonus) 역시 매우 잘생긴 외모로 유명한 젊은이
였습니다. 이처럼 빼어난 외모 덕분인지 티토노스는 새벽의 여신 에
오스(Eos)의 사랑을 받게 되었습니다. 물론 신과 인간의 사랑은 비대
칭적이기에 현대를 사는 사람들처럼 평범하게 만나서 사귀는 것이

　　　　　　　　　　　　의사가 읽어주는 그리스 로마 신화

티토노스를 납치하는 새벽의 여신 에오스

아니라 에오스가 티토노스를 납치하여 남편으로 삼는 식의 사랑이었습니다.

하지만 유한한 삶을 사는 인간은 영원히 사는 신과는 함께할 수 없었고, 이러한 상황이 안타까웠던 에오스는 자신의 연인에게 영원한 생명을 줄 것을 신들의 왕인 제우스에게 청원하였습니다. 제우스는 에오스의 소원을 들어주었는데, 소원을 들어주는 과정에 한 가지 문제가 있었습니다. 티토노스에게 영원한 생명을 내려주었으나 그가 늙어가는 것을 막아주진 않았던 것이죠.

제우스가 이렇게 반쪽짜리 형태로 소원을 들어준 이유는 정확히 알 수 없으나 신화에 종종 나오는 '인간의 욕심에 대한 경고'와 같은 것 아닌가 싶습니다. 함부로 영생을 바라지 말라는 교훈을 주고 싶었던 것일까요?

어쨌든 에오스의 소원대로 영원한 생명만을 얻은 티토노스는 죽지 않고 계속 늙어가기만 했습니다. 처음엔 티토노스와 영원히 함께 할 수 있다는 사실에 기뻐하던 에오스도 티토노스가 늙고 볼품이 없어지자 그를 싫증내기 시작했습니다. 인간과 몹시 흡사한 그리스 로마 신들의 사랑이란 얼마나 얄팍한 것인지…

〈떠나는 아우로라〉(1763년), 루이 장 프랑수아 라그레네

　결국, 거동하지 못할 만큼 늙은 티토노스는 에오스의 궁전에 있
는 방에 갇혀 지냅니다. 방 안에서 아주 작은 소리만 내며 가만히 누
워지내게 되었죠. 많은 시간이 흐른 후 다시 찾아온 에오스는 티토노
스를 가엾게 여겨 매미(혹은 귀뚜라미)로 변하게 해주었다고 합니다.

　프랑수아 라그레네의 〈떠나는 아우로라(에오스의 로마식 이름)〉는
에오스와 늙은 티토노스의 모습을 그렸는데요, 그림에서 에오스는
본인의 업무인 새벽을 열기 위해 마차를 몰고 가려 하고, 늙고 기운
없는 티토노스는 그녀에게 가지 말라고 투정을 부리는 듯한 모습입
니다. 왼쪽 뒤로는 새벽이 되어 물러나는 밤의 여신 닉스(Nyx)의 모
습이 살짝 보이네요. 티토노스가 밤의 여신과 같은 방향에 놓여 있

　　　　　　　　　　　　의사가 읽어주는 그리스 로마 신화

다는 것이 의미심장합니다. 인생의 '밤'과 같이 늙어버린 티토노스는 새벽의 여신과 함께할 수 없는 존재라는 것을 나타내는 듯합니다.

　평균 수명이 28세였던 고대 그리스 사람들은 아주 고령까지 살다가 노환으로 죽는 사람들을 많이 보지 못했을 가능성이 큽니다. 물론 당시에도 장수하는 사람들은 있었을 테고, 노화가 어느 정도 이상 진행되어 티토노스와 같은 모습을 한 노인들을 관찰할 수 있었을 것입니다.

　현대에 들어 사람들의 평균 수명이 늘어나면서 수많은 퇴행성 질환이 관찰되고 있습니다. 이 중에서 노화와 관련된 대표적인 신경퇴행성 질환(Neuro degenerative disease)으로 알츠하이머병과 파킨슨병이 있습니다.

　알츠하이머병은 뇌에 베타아밀로이드(Beta-amyloid)라는 물질이 축적되어 기억력 감퇴를 주 증상으로 하는 치매를 일으키는 질환으로, 전 세계적으로 가장 흔한 신경퇴행성 질환입니다.

　파킨슨병은 흥분성 신경전달물질인 도파민을 만들어내는 중뇌의 흑색질 부위에 알파시누클레인(Alpa-synuclein) 단백질이 비정상적으로 축적됨으로써, 도파민을 만들어내는 신경세포의 사멸이 일어나면서 발생하는 질환입니다. 이렇게 신경세포가 사멸되면 도파민 분비가 저하되어 행동이 느려지고, 근육의 경직이 일어나며 손발이 떨리거나 보행이 어려워지는 증상이 나타납니다. 파킨슨병은 알츠하이머병에 이어 두 번째로 흔한 신경퇴행성 질환입니다.

　티토노스의 늙어가는 모습들을 보면 이 두 질환의 증상이 연상

됩니다. 잘 거동하지 못한다는 것은 파킨슨병의 증상, 알아들을 수 없는 소리만 내는 것은 알츠하이머병에 의한 치매 증상과 비슷한 인상을 줍니다. 현대의학은 이러한 신경퇴행성 질환들의 증상을 통해 진단을 내리고, 증상의 진행을 막거나 정상 기능 유지를 위한 치료법들을 개발하고 있습니다. 더 나아가 질병 발생을 예방하거나 되돌리는 치료법에 대해서도 끊임없이 연구하고 있죠. 물론 고대인들에게는 노화란 그저 피할 수 없는 숙명이며, 불로불사란 신들에게만 허락된, 그리고 인간에게는 함부로 내려주지 않는 은총과도 같은 개념이었을 것입니다.

이야기 속 티토노스를 보면, 완전히 노화가 진행되어 버린 후에는 여신인 에오스조차도 그를 어찌하지 못하고 방에 가둬 버립니다. 현대에도 매우 안타깝지만 일부 말기 신경퇴행성 질환 환자들은 증상을 치료하거나 호전시킬 방법이 없어, 폐렴에 걸리거나 욕창이 생기지 않도록 기본적인 간호를 하는 것 외에는 별다른 도움을 주지 못하는 경우가 많습니다. 아마도 이와 같은 질병에 대한 개념이 적었던 고대에는 더욱더 노인 환자 간호에 대한 지식이 부족했을 테고 티토노스처럼 방치하는 사례도 종종 있었을 것입니다. 하지만 신화의 시대가 아니라 인간의 시대를 사는 우리는 환자들을 도울 수 있는 치료법을 개발하고, 치료가 힘든 환자들도 마지막까지 존엄을 유지할 수 있도록 노력해야 할 것입니다.

9

피 흘리며 죽어 꽃이 된 청년들

현재 우리나라에서 가장 흔한 10~20대의 사망 원인은 안타깝게도 고의적 자해(자살)입니다. 그리고 그다음이 악성 신생물(암), 세 번째가 운수 사고입니다(2019년 통계청 자료). 현대 사회의 수많은 스트레스 요인이 젊은 사람들의 자해를 부추기고 있는지도 모릅니다.

그렇다면 고대 그리스에서 젊은이들의 가장 흔한 죽음의 원인은 무엇이었을까요? 당시는 자살을 죄악시하는 분위기였으며, 지금과 비교해 이른 나이부터 성인으로서 여러 가지 사회 활동을 해야 했기에 다른 원인으로 사망했을 가능성이 컸을 것입니다. 현대보다 좀 더 흔하게 감염병으로 사망했을 수도 있고, 전투나 전쟁이 잦았던 시대였기에 전장에서 부상 등으로 사망했을 수도 있습니다. 어쨌든 활동적인 연령대임을 고려하면 외상(外傷)에 의한 사망 가능성이 상당히 컸을 것입니다. 사고에 의한 외상으로 사망한 청년들의 이야기는 신화 속에서도 찾아볼 수 있습니다.

히아킨토스(Hyacintos)는 스파르타의 왕자(혹은 귀족)로 용모가 매우 아름답기로 유명한 소년이었습니다. 태양신이며 남성 중에서 가장 아름다운 용모를 갖춘 신인 아폴론조차도 히아킨토스의 미모에 매료되어, 그를 항상 데리고 다니며 즐거운 시간을 보냈을 정도니까요. 히아킨토스는 아주 건강한 소년이었고, 사자처럼 빠른 달리기 솜씨를 가지고 있었으며 원반던지기 놀이의 명수이기도 했습니다.

히아킨토스는 종종 아폴론과 함께 원반던지기 놀이를 했는데, 어이없게도 이 즐거운 놀이가 소년을 죽음으로 이끌고 말았습니다. 여기엔 질투라는 요소도 하나의 원인으로 작용했습니다. 히아킨토스의 아름다움을 사랑하던 또 다른 신이 있었는데, 그는 서풍의 신인 제피로스(Zephyros)였습니다. 제피로스는 아폴론처럼 히아킨토스와 함께 시간을 보내고 싶어 했으나 히아킨토스는 좀처럼 그와 함께 해주지 않았고, 이것이 서풍의 신을 질투에 사로잡히게 했습니다. 가질 수 없는 것에 대한 열망은 더 강렬해지는 법이니까요. 어느 날 아폴론과 히아킨토스의 원반던지기 놀이를 지켜보던 제피로스는 아폴론이 히아킨토스가 받을 수 있도록 원반을 던졌을 때 갑자기 강한 바람을 불게 해 원반이 날아가는 방향을 바꿔 놓았습니다.

예측하지 못한 방향으로 날아가는 원반을 쫓아가던 히아킨토스는 결국 원반에 이마를 부딪쳐 정신을 잃고 말았습니다. 머리에서 피를 흘리며 쓰러진 히아킨토스를 보고 놀란 아폴론은 의술의 신답게 피를 멈추기 위해 상처에 백합을 가져다 댔지만(백합은 지혈 작용이

의사가 읽어주는 그리스 로마 신화

〈히아킨토스의 죽음〉(1801년), 장 브록.

있다고 합니다), 상처를 치유하기엔 역부족이었고, 히아킨토스는 아폴론의 품에서 숨을 거두었습니다. 마치 꺾인 백합처럼 머리를 늘인 채로요.

이 모습을 보고 아폴론이 비통해하자 히아킨토스의 피가 떨어진 자리에서 백합을 닮았으나 티로스의 염료(보라색 혹은 자줏빛의 염료)보다 아름다운 보랏빛의 꽃이 피어났다고 합니다. 그 꽃에는 히아킨토스의 이름이 붙여졌으며, 지금도 히아신스(Hyacinthus)라고 불리고 있습니다.

한 소년이 사고로 인해 죽음에 이르는 모습에서 우리는 고대 그리스시대의 외상치료 개념에 대한 한계를 엿볼 수 있습니다. 실제로 머리에 심한 외상을 당하면 밖으로 흐르는 피보다는 두개골 내 출혈로 사망에 이르게 됩니다. 아폴론이 히아킨토스의 이마에 흐르는 피를 지혈했다고 해도, 두개(頭蓋) 내 출혈을 치료하지 못한다면 결국 사망에 이를 수밖에 없죠.

히아킨토스처럼 두부의 외상이 발생한 이후 단시간 내에 사망에 이르렀다면 엄청난 양의 경막외출혈 (epidural hemorrhage)이 생겼을 가능성이 큽니다. 경막외출혈은 현대에도 교통사고나 폭행 같은 직접적인 외상에 의해 발생하며, 단시간 내에 의식을 잃거나 반신마비, 혼수상태와 같

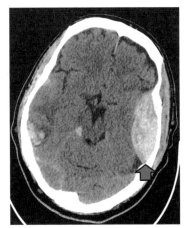

경막외출혈

의사가 읽어주는 그리스 로마 신화

은 신경학적 증상이 나타나다 사망에 이를 수 있는 매우 위험하고 응급한 질환입니다.

　현대의학에서는 이러한 증상이 있을 때 뇌 컴퓨터단층촬영(CT)으로 병변을 확인하고 응급수술을 시행합니다. 히아킨토스도 현대의학으로 적절한 치료를 받았다면 꽃으로 변하는 대신에 그 생명을 이어갔을지도 모릅니다.

∞

또 다른 외상에 의한 죽음은 아도니스(Adonis)라는 청년의 이야기에서 찾아볼 수 있습니다. 아도니스는 키프로스(Cyprus)의 공주인 스미르나(Smyrna)의 아들인데요, 출생에는 안타까운 일화가 있습니다. 전하는 이야기에 따르면 스미르나가 미의 여신인 아프로디테의 저주를 받아서 자기 아버지와의 사이에서 낳은 아들이 바로 아도니스입니다(스미르나의 아버지인 키리나스(Cyrinas) 왕이 저주를 받았다는 이야기도 있습니다). 미의 여신 아프로디테 앞에서 자신의 아름다움을 뽐내던 스미르나는 아프로디테 여신의 노여움을 샀습니다. 결국, 분노한 아프로디테는 아들인 에로스를 시켜 사랑에 빠지는 황금 화살을 아버지와 함께 있던 스미르나에게 쏘게 했습니다. 그렇게 자신의 아버지를 사랑하게 된 스미르나는 아버지를 속이고 동침하여 아이를 갖게 된 것입니다. 신의 저주 때문이라고는 하지만, 저질러서는 안 될 패륜적 행동을 하게 된 것이지요.

〈아도니스의 탄생〉(1690년), 마르칸토니오 프란체스치니

　이 사실을 안 스미르나의 아버지는 분노하여 그녀를 죽이려고
했습니다. 패륜을 저지르게 만든 딸을 용서할 수 없었던 것이죠. 아
버지를 피해 멀리 도망친 스미르나는 거의 9개월 동안 숨어지내다
지치게 되었고, 아버지에게 죽임을 당할지도 모른다는 공포에 사로
잡혔습니다. 그녀는 신들에게 자신을 살아있지도 죽어있지도 않은
존재로 만들어달라고 기도했습니다. 이를 안타깝게 여긴 어떤 신이
그녀를 몰약나무(Myrrh)로 만들어 주었습니다. 몰약나무가 시체의
부패를 막는 항균작용이 있어 나무의 진액으로 장례를 치를 때 사
용하는 물품을 만든다는 사실이 의미심장하게 느껴집니다.

　　　　　　　　　　　　　의사가 읽어주는 그리스 로마 신화

〈아도니스의 죽음〉(1614년), 페테르 파울 루벤스

　스미르나는 이미 임신을 한 상태였기에 나무로 변한 이후에 달과 숲의 여신인 아르테미스의 도움을 받아 아들을 낳게 되었는데 그아이가 바로 아도니스였습니다.

　미녀였던 어머니를 닮아서인지 아도니스도 눈부시게 아름답고 사랑스러운 소년으로 자라났는데, 그 미모에 아프로디테가 반하게 됩니다. 자신이 저주를 내렸던 여성의 아들에게 반하다니… 정말 운명의장난이 아닐 수가 없습니다. 아도니스는 혈기왕성한 청년으로 자라사냥을 즐기게 되었는데, 아프로디테는 그와 어울리기 위해 평소엔즐기지 않던 사냥까지 따라다니게 됩니다. 하지만 아도니스가 다치게 될까 걱정된 아프로디테는 위험한 맹수는 사냥하지 말라고 늘 당부했는데, 젊은 청년이 이러한 간섭을 귀담아들을 리 없었습니다.

그러던 어느 날, 아도니스를 못마땅하게 여긴 아프로디테의 연인이자 불륜 상대인 전쟁의 신 아레스(Ares)는 아도니스가 혼자 사냥에 나섰을 때 거대한 멧돼지를 보냅니다. 멧돼지를 본 아도니스는 화살을 날렸으나 멧돼지의 두꺼운 가죽을 뚫지 못했고, 오히려 멧돼지를 더 흥분시켜 공격당하게 되었습니다. 결국, 멧돼지의 어금니에 옆구리를 공격당한 아도니스는 그 자리에서 많은 피를 흘리며 사망하게 되지요.

아도니스의 죽음을 본 아프로디테는 슬픔에 가득 차서 운명의 여신들을 원망했으며, 아도니스를 기리기 위해 그의 피 위에 제주(祭酒)를 뿌렸습니다. 아도니스의 피에서는 아네모네(Anemone coronaria)가 피어났다고 합니다. 이 꽃은 현재 시리아의 국화(國花)이기도 합니다.

지금도 멧돼지는 인명사고를 일으키는 맹수이며, 멧돼지 사냥을 하다가 혹은 등산 중에 멧돼지를 만나 사망하는 사람들의 이야기가 뉴스에 종종 등장합니다. 신화 속 아도니스처럼 옆구리에 멧돼지의 공격을 받게 되면 간이나 비장, 신장, 혹은 유강장기(소장이나 대장) 및 혈관이 손상되어 매우 위중한 상태에 처할 수 있습니다. 실제로 이런 경우 병원으로 이송되어 응급수술을 받더라도 대규모의 수술 후 사망에 이르거나 후유장애가 발생할 가능성이 큽니다. 아무리 아름답고 젊은 청춘이라고 해도, 뜻하지 못한 사고 앞에서는 덧없이 목숨을 잃을 수 있다는 슬픈 교훈을 주는 이야기입니다.

의사가 읽어주는 그리스 로마 신화

10
데메테르의 단식과
키케온

데메테르는 로마에서는 케레스(Ceres)라고 불린 여신이며, 곡물과 수확의 여신으로 알려져 있습니다. 농경이라는 고대 그리스 시대의 가장 중요한 산업을 맡은 여신이지만 신화에서 등장이 잦은 편은 아닙니다.

이런저런 이야기에서 종종 조연으로 언급되는 데메테르가 주연으로 등장하는 이야기는 자신의 딸인 페르세포네(Persephone)를 되찾기 위한 여정에 관한 것이 거의 유일합니다. 페르세포네를 되찾기 위한 여신의 여정은 영화 〈테이큰〉의 고대 그리스 신화 버전이라고 볼 수 있습니다.

사건의 전말은 이렇습니다.

저승의 신인 하데스는 우연히 지상으로 산책을 나왔다가 꽃밭에서 님프들과 노닐고 있는 페르세포네를 보고 반하여 그녀를 지하

세계로 납치합니다. 하데스가 자신의 조카라고 볼 수 있는 페르세포
네에게 반하게 된 계기는 '에로스의 장난 때문이라고 하는 설도 있
으나, 어쨌든 그가 벌인 납치극의 결과
는 매우 참담했습니다. 데메테르 여신
의 분노로 그리스 전역을 뒤덮는 가뭄
과 기근이 발생했으니까요.

데메테르

처음에는 자신의 딸이 어떻게, 그리
고 어디로 사라진 것인지 몰랐던 데
메테르는 딸을 찾기 위해 그리
스 전역을 헤매고 다닙니다. 딸
을 잃은 슬픔에 자신을 돌보
지 않고 초췌한 모습이 되
어 떠돌던 그녀는 어느 날
아테나 근처의 엘레우시스
(Eleusís)라는 마을에 이르
게 되었습니다. 당시 엘레우시스
지방을 다스리던 왕가의 환대와
따뜻한 위로 그리고 보살핌(물론
그들은 여신인 줄 모르고 호의를 베
풀었습니다)에 감동한 데메테르는
커다란 선물을 주려고 합니다. 바
로 왕자인 데모폰(Demophon)을 불

하데스의 페르세포네 납치

사의 존재로 만들어 주는 것이었습니다. 하지만 불사의 존재로 만드는 과정은 인간들이 이해하긴 어려운 것이었습니다.[1] 마침 비밀스럽게 아이를 불 속에 넣고 있던 데메테르를 발견하고 놀란 왕비와 유모에 의해 계획이 틀어지고 맙니다. 이야기에 따라서는 불멸성을 갖지 못하기만 했다고도 하고, 혹은 아이가 불에 타 죽어버렸다는 끔찍한 결말도 전해집니다.

데모폰의 불멸화에 실패한 여신은 이 왕가에 불로불사는 아닐지라도 자비와 은총을 베풀어주고자 마음먹었습니다. 그리하여 자신의 정체를 드러낸 후, 데모폰의 형제인 트리프톨레모스(Triptolemos)

에게 농경 기술 및 신비로운 비밀 의식을 전수합니다. 그 의식이 바로 '엘레우시스의 밀교 혹은 비의(Eleusinian Mysteries)'입니다.

이 종교는 일종의 고대 농업 컬트 종교라고 할 수 있는데, 살인의 전과가 없고 그리스어를 말할 수 있다면 누구든 참여할 수 있습니다. 그러나 그 내용에 대한 비밀 엄수를 중시하여 정확한 교리나 가르침에 대해서는 알려진 바가 거의 없습니다.

특히 이 종교는 대밀의제전(Greater Mysteries)이라는 행사가 늦여름에 있었는데, 이때 데메테르 여신이 했던 단식을 기념하여 참가자들도 하루 동안 단식을 하고 키케온(Kykeon)이라는 음료를 마셨다고 합니다.

왼쪽은 엘레우시스 밀교제전을 묘사한 '닌니온 타블렛'의 그림이고, 오른쪽에서 붉은색 원 안에 보이는 음료가 키케온입니다. 이 키케온은 꿀 등을 넣어 만든 것입니다. 그림의 내용 자체는 오디세우스와 마녀 키르케에 관한 것입니다.

　　　　　　　　　　　　　　　의사가 읽어주는 그리스 로마 신화

여신의 단식 및 키케온에 관한 신기한 이야기가 있습니다. 데메테르 여신이 딸을 찾아 아테나 근처의 아티카(Attica) 지방을 헤매고 있을 때였습니다. 여신은 딸을 잃은 슬픔에 아무것도 먹지도 마시지도 못하고 초췌한 모습으로 걸어가고 있었습니다. 이 모습을 본 미스메(Misme)라는 여인이 여신을 안타깝게 여겨 물과 보릿가루, 그리고 박하를 섞어 만든 음료를 주었는데 그것이 바로 '키케온'이었습니다.[2]

미스메가 정말 지혜로운 여인이었던 것이 오랫동안 굶은 것으로 보이는 사람에게 고칼로리의 음식을 잘못 주면 오히려 영양재개증후군(refeeding syndrome)으로 사망할 수 있습니다. 그런 점에서 키케온과 같은 부담 없는 음식을 주는 것은 매우 적절했습니다.[3]

게다가 박하(mint)를 넣은 것도 오랜만에 식사를 다시 시작하는 사람에겐 도움이 되는 레시피로 볼 수 있는데, 박하의 성분이 소화 기능에 도움을 주어 위장관 기능이 저하되었거나 과민성대장증후군이 있는 사람들에게 좋다고 알려져 있기 때문입니다.[4]

박하는 데메테르의 딸 페르세포네와 관련된 이야기도 있습니다. 전설에 따르면, 하데스가 '멘타(Mentha)'라는 님프를 사랑하게 되었는데, 그것을 보고 화가 난 페르세포네가 님프를 발로 밟아 죽였다고 합니다. 님프는 죽은 후에 박하풀로 변했는데 밟힐수록 향이 더 진해지는 풀이 되었다고 하죠. 페르세포네는 저승의 여왕이 된 후 상당히 불같은 성격이었던 것 같습니다.

다시 본래 이야기로 돌아가서, 이렇게 데메테르 여신이 박하가 들어간 키케온을 먹고 만족한 후에 미스메에게 선물을 선사하는 훈

<데메테르를 비웃는 아스칼라보스>(1877년), 외젠 일마쉐

훈한 이야기로 끝나면 좋았겠으나 아무도 예상치 못했던 돌발 상황
이 펼쳐지게 됩니다. 바로 미스메의 아들이 그 주인공입니다.

　미스메의 아들인 아스칼라보스(Ascalabus)가 허겁지겁 키케온
을 마시는 데메테르를 보고 '게걸스럽게 먹는다'며 비웃은 것이었습
니다. 가뜩이나 딸을 잃고 힘든 상태인 데메테르에게 인간 아이의 비
웃음은 불 위에 기름을 붓는 격이었습니다. 결국, 분노를 참지 못한
데메테르는 아스칼라보스에게 음료를 뱉어내며 저주를 하였고, 아이
는 도마뱀으로 변했다고 합니다.

　　　　　　　　　　　　　　　　　의사가 읽어주는 그리스 로마 신화

데메테르가 비교적 온화한 여신임에도 이처럼 벌을 내리는 것을 보면, 어린아이도 피해갈 수 없는 불경죄의 무서움을 알려주는 고대 그리스 시대의 분위기를 간접적으로나마 느낄 수 있습니다.

.

11
간의 재생력

그리스 신화에는 신을 불경하거나 심지어 맞서 싸우는 등 여러 잘못을 저지른 존재들이 등장합니다. 그리고 죄에 걸맞은 다양한 징벌들도 등장하지요. 그리스 신화 속 지옥이라고 할 수 있는 타르타로스에서 영원히 바위를 산 위로 굴려 올리는 벌을 받기도 하고, 끝없는 갈증과 허기에 시달리기도 하며, 바퀴에 묶여 영원히 구르기도 합니다. 이렇듯 수많은 징벌 중에서 상당히 인상적이고 신화적인 형벌이 있는데, 바로 간을 끊임없이 파 먹히는 것입니다.

간을 파 먹히는 형벌을 받은 신화 속 존재는 두 명이 있습니다. 프로메테우스(Prometheus)와 티티오스(Tityos)죠. 사실 이들이 받은 형벌을 보면 상당히 비슷해 보이지만 세부적으로는 큰 차이가 있습니다. 여기서는 이들의 형벌과 간의 재생 능력(Liver regeneration)에 대해 알아보도록 하겠습니다.

현대의학에 따르면, 간은 재생이 잘 되는 기관으로 알려져 있습니다. 암 수술 등으로 대략 65퍼센트까지 절제해도 나머지 35퍼센트의 간이 재생하여 6개월 정도 지나면 거의 다 기능을 회복한다고 합니다. 이러한 간의 특성 덕분에 의료 현장에서는 생체 부분 간이식이라는 수술법이 사용되기도 합니다.

간세포의 재생은 IL-6 같은 사이토카인[5]이 간의 쿠퍼세포에서 분비되면서 시작됩니다. 다음으로 HGF, TGF-a와 같은 성장인자들이 나오고 이들에 의해 간세포 분열이 활발해집니다. 재생의 마지막 단계는 TGF-β 계열의 사이토카인에 의해 조절됩니다.[6]

낯선 사이토카인 이름이 난무하여 그 과정이 복잡해 보이지만 간단히 정리하면, 간은 많은 부분이 잘려나가도 남은 세포들이 으쌰으쌰해 원래의 기능을 회복한다는 이야기입니다. 간이식이 필요한 환자와 의사들에게는 너무도 감사한 일이죠.

지금이야 간이 재생되는 기관임을 알고 있지만, 과연 고대 그리스 사람들도 간이 재생 능력을 지녔음을 알았던 것일까요? 도대체 어떻게 간을 파먹게 했다가 재생되면 다시 파먹게 하는 형벌을 상상해냈을까요?

이에 대해서는 다른 의학자들도 의구심을 가졌던 것 같습니다.[7]

간의 재생 능력을 의학적으로 알게 된 것은 19세기에 들어서입니다. 하지만, 고대 그리스 신화에는 두 개의 이야기가 간의 재생 능력에 대해 묘사하고 있으니 대체 어떤 방법으로 이를 알게 되었는지 궁금할 수밖에 없습니다.

물론 고대에도 간을 다쳤다가 무사히 살아났다거나, 간이 손상될 만한 상처를 입었던 사람을 나중에 해부해보니 간이 정상 같아 보였다든가 하는 식으로, 우연히 간의 재생 능력을 추측할 만한 상황을 접하게 되었을 가능성도 있습니다. 그러나 이를 뒷받침할 만한 사료가 없으므로 고대의 신화는 다른 관점으로 해석할 수밖에 없습니다. 고대인들이 간이라는 장기에 부여한 특별한 상징성에 대해 풀이해보는 식으로 말이죠.

우선 프로메테우스와 티티오스의 이야기를 살펴보겠습니다.

프로메테우스는 올림포스 신들이 집권하기 전에 세상을 지배했던 티탄 신족이었고, 티티오스는 반신반인의 거인이었습니다. 그러나 두 존재가 살아가는 모습은 매우 달랐습니다. 프로메테우스는 영웅의 길을 걸었으나 티티오스는 범죄자의 길을 걸었기 때문입니다.

신들의 계보를 정리한 『신통기』에 따르면, 프로메테우스는 땅의 여신 가이아와 하늘의 신 우라노스의 손자에 해당하며 대양의 신 오케아노스의 딸 중 하나와 결혼하여 데우칼리온(Deucalion)을 낳았습니다. 데우칼리온은 훗날 대홍수에서 살아남아 헬렌(Helen)이라는 아들을 낳았는데, 그가 바로 그리스인들의 조상입니다. 프로메테우스는 올림포스의 제왕인 제우스와는 사촌지간이고, 고대 그리스인들의 조상인 셈이죠. 인류를 사랑했던 프로메테우스는 제우스에게 불을 훔쳐 인간들에게 전달해주고, 이로 인해 벌을 받게 됩니다.

카프카스(혹은 코카서스)산 위에 있는 바위에 묶인 채로, 매일 혹은 이틀에 한 번씩 찾아오는 독수리에게 간을 뜯어 먹히는 것입니다.

의사가 읽어주는 그리스 로마 신화

그의 고난은 먼 훗날 헤라클레스에 의해 끝이 납니다.

　인간을 위해 신들의 제왕과 대적하다가 벌을 받은 프로메테우스와 달리, 티티오스는 오직 자신의 욕망을 좇아 행동하다가 벌을 받습니다. 티티오스는 제우스와 엘라라(Elara)라는 인간 공주 사이에서 태어났습니다. 태어났다기보다는 제 발로 나왔다고 하는 말이 어울리겠네요. 헤라의 눈길을 피해 제우스는 엘라라를 땅속 깊은 곳에 넣어놓았죠. 그러나 엄마 배 속에 있던 티티오스가 너무 거대하게 자라는 바람에 엘라라의 자궁을 찢고 나왔다고 합니다.

　그렇게 세상에 나와 거인으로 자란 티티오스는 절제력이 부족했는지, 제우스의 여자이자 아폴론과 아르테미스의 어머니인 레토 여신을 겁탈하려 하였습니다. 그러다 아폴론과 아르테미스(혹은 제우스)에 의해 살해된 티티오스는 명계의 왕인 하데스 앞으로 보내졌고, 결국 타르타로스로 끌려가 영원의 벌을 받게 되었습니다. 바로 바위 위에 묶여서 대머리독수리에 의해 간을 파 먹히는 것이었습니다. 티티오스는 그 벌을 매일 혹은 매월 초승달이 뜰 때마다 받았습니다. 그에게 내려진 벌이 끝났다는 이야기는 어디에도 나와 있지 않습니다.

　프로메테우스와 티티오스의 이야기는 상당히 흡사합니다만, 벌을 받게 된 원인과 과정이 매우 다르고 또 결과 역시 매우 다른 양상입니다. 한 명은 영웅이었고 나머지 한 명은 그저 성범죄자였습니다. 또한, 한 명은 높은 산 위에서(진정한 의미에서 죄가 아니며 일종의 양심수라는 뜻일지도 모릅니다), 그리고 나머지 한 명은 나락으로 불리는

〈프로메테우스〉(1868년), 귀스타브 모로

〈티티오스〉(1632년), 후세페 데 리베라

그리스 신화 속 지옥인 타르타로스에서 형벌을 받게 됩니다.

　　형벌을 수행하는 존재도 매우 다릅니다. 우리말로 번역된 신화
에서는 둘 다 '독수리'라고 번역하고 있습니다만, 사실 다른 새입니
다. 프로메테우스에게 온 것은 '이글(Eagle)'로 제우스의 상징이자 직
접 사냥을 하는 새로 알려진 흰머리독수리입니다. 그에 반해 티티오
스의 형벌을 담당하는 새는 '벌처(Vulture)'로, 바로 대머리독수리입

니다. 이 새는 시체를 찾아서 그 썩은 고기를 뜯어 먹는 새로 알려져 있습니다.

흰머리독수리는 수많은 문화권에서 왕이나 지도자가 지닌 권위의 상징으로 여겨지지만, 대머리독수리는 비열한 존재를 비유하는 표현으로 많이 쓰며 악당의 상징으로 여겨지기도 하죠. 벌을 내리는 존재의 차이만으로도 프로메테우스와 티티오스의 격의 차이가 느껴지실 겁니다.

끝으로, 프로메테우스는 그리스 신화 속 최고의 영웅인 헤라클레스에 의해 해방되어 자유를 되찾고 이후로도 인류에게 불을 가져다 준 고마운 존재로 추앙받습니다. 그러나 티티오스는 영원토록 타르타로스 안에서 고통스러운 벌을 받게 됩니다.

이 두 존재에서 '간'이 상징하는 바는 판이합니다. 프로메테우스의 간은 영혼과 생명력과 지혜를 상징합니다. 티탄 신족이자 영웅인 프로메테우스에게 이러한 지혜와 생명력이 끊임없이 샘솟는다는 점을 보여줍니다. 제우스신에게 굴복하지 않았던 그의 영웅적인 면모를 더욱 강조하는 장치가 되는 것이죠.

이와 달리 티티오스의 간은 일종의 쾌락과 열정, 욕망을 상징합니다.[8] 티티오스의 절제되지 않는 욕망을 보여주며, 그것을 끊임없이 뜯어냄으로써 일종의 거세형과 같은 벌을 내리는 것입니다. 그가 저질렀던 범죄에 대한 대가로 아주 적절한 형벌인 셈이죠.

아마 고대 그리스인들은 간이 재생된다고 어렴풋이 생각했을지도 모릅니다. 하지만 이런 생각은 의학 지식이라기보다 철학적인 상

의사가 읽어주는 그리스 로마 신화

징성이 더 강했을 것으로 보입니다.

영웅과 범죄자에게 끝없는 벌을 받게 하는 간의 재생 능력이 현대를 사는 우리에게는 많은 환자를 살릴 수 있는 '간 이식'으로 활용될 수 있다니 역시 의학의 발전에 새삼 감사하게 됩니다.

12

회춘의 비법을 찾아낸
메데이아

아직 우리는 '노화'를 막을 수 없습니다. 불로불사는 당연히 불가능
하고요. 그럼에도 노화를 지연시키거나 다시 젊게 만드는 방법을 찾
기 위한 연구는 계속되고 있습니다. '젊고 건강한 몸으로 오래 사는
것'이야말로 현재 인류가 추구하는 가장 큰 꿈 중 하나일 것입니다.

우리는 앞서 그리스 로마 신화 속 이야기들에서 신들의 불로불
사와 인간의 유한성을 살펴보았습니다. 그 이야기들을 보면 인간은
결코 영원한 젊음을 유지하거나 죽음을 피할 수는 없다는 결론에 이
르게 됩니다. 그런데 신화를 읽다 보면, '인간'의 힘으로 젊음을 되찾
는 내용을 발견할 수 있습니다. 그 놀라운 기적의 주인공은 바로 아
이손(Aeson)과 메데이아(Medea)입니다.

아이손은 그리스 중부 지방에 있던 작은 도시인 이올코스
(Iolcos)의 왕으로, 그리스 신화 속 유명한 보물 획득 퀘스트 중 하나

의사가 읽어주는 그리스 로마 신화

인 황금양털(Golden Fleece)⁹ 원정 이야기의 주인공이자 아르고호 원정대의 대장이었던 이아손(Jason)의 아버지입니다. 발음이 흡사해서 헷갈리기 쉽지만, '아이손'이 아버지입니다. 원정대는 아르고호라는 배를 타고 황금양털을 찾아 콜키스(Colchis)라는 나라로 떠납니다. (헤라클레스를 비롯한 수많은 영웅이 원정대에 참여했습니다.)

색이 황금색일 뿐이지 특별한 기능은 없는 보물을 찾으러 가게 된 데에는 기나긴 사연이 있습니다만, 간단히 말하면 이올코스의 왕위 계승을 위한 목적이었습니다. 원래 아버지를 이어 왕이 되어야 할 이아손 대신 삼촌인 펠리아스가 왕위를 가로챈 상황이었는데, 대놓고 왕위를 주지 않을 수 없었던 펠리아스는 '황금양털을 구해오면 너에게 왕위를 넘겨주겠다!'라고 선언했습니다. 그렇게 왕위를 찾기 위해 머나먼 콜키스 왕국까지 배를 타고 원정을 떠나게 된 것이죠. 콜키스는 현재의 조지아로 도로가 잘 정비된 지금도 최소 30시간이 (2400킬로미터 정도) 걸리는 거리입니다. 고대에 배를 타고 가는 것은 상당한 시간과 노력이 들었을 것입니다.

콜키스까지 가는 길도 멀고 험했지만, 도착하고 나서도 문제였습니다. 콜키스 입장에서는 갑자기 나타나서 나라의 보물을 내놓으라는 이아손이 황당하게 느껴질 수밖에 없었을 테니까요. 게다가 이 양털을 뺏기면 나라에 불행이 올 것이라는 신탁이 있던 터라 더욱 분위기가 나빠질 수밖에 없었죠.

결론적으로 순순히 양털을 주기는 싫으나 그리스에서 난다 긴다 하는 영웅을 떼로 몰고 온 상태인지라 한판 붙기도 애매했던 콜

왼쪽에 서 있는 남자가 황금양털을 들고 있는 이아손이고, 오른쪽에 앉아있는 남자는 이 퀘스트를 주었던 삼촌 펠리아스입니다.

의사가 읽어주는 그리스 로마 신화

키스의 왕은 '이아손 혼자서 불을 뿜는 소로 밭을 갈며, 용의 이빨을 뿌린다면 황금양털을 내어주겠다'라는 제안을 하게 됩니다. 한마디로 죽어도 못 할 것 같은 일을 시켜본 것이죠.

이때 다행스럽게도 이아손을 아끼고 있던 헤라 여신이 도움의 손길을 내밉니다. 아프로디테를 시켜 콜키스의 공주인 메데이아가 이아손에게 반하도록 만들어버린 것이죠.

공주가 반한 것이 뭔 대수인가 싶겠지만, 이 공주는 보통사람이 아니라 그리스 로마 신화에서 손꼽을 정도로 대단한 능력을 지닌 마법사였습니다. 결국, 메데이아의 대활약 덕분에 아르고 원정대는 황금양털을 얻게 되고 무사히 귀환할 수 있게 됩니다. 이 이야기에서 메데이아는 거의 데우스 엑스 마키나(deus ex machina) 격인 존재라 불러도 모자람이 없습니다.

어쨌든 메데이아는 마법의 힘으로 사랑하는 이아손을 도와 황금양털을 가지고 이올코스로 돌아가도록 도와줍니다. 물론 그녀도 이아손과 함께 이올코스로 향했죠. 그런데 이올코스에 도착하고 보니 상황은 그리 좋지 않았습니다. 펠리아스는 양털만 받고 왕위를 '먹튀'할 분위기였으며, 이아손의 가족은 죽거나 병들어 가정이 풍비박산이 난 상태였습니다. 아버지 아이손은 너무 늙고 기운 없는 모습으로 내버려져(동생인 펠리아스의 핍박에 못 이겨 황소의 피를 마시고 자살했다는 이야기도 있습니다) 있었습니다.

아버지의 모습을 보고 마음이 아팠던 이아손은 메데이아에게 부탁합니다. 아버지를 다시 젊고 건강하게 만들어달라고 말이죠. 황

〈이아손과 메데이아〉(1907년), 존 윌리엄스 워터하우스. 이아손 이야기의 전반적인 분위기가 이렇습니다. 이아손이 일을 해결해달라고 부탁하면 메데이아가 뭔가 마법과 계략으로 뚝딱 해결하는 식이죠.

당한 부탁이었지만, 우리의 메데이아는 그 어려운 일을 해내고야 말았습니다. 여러 가지 신비한 재료를 모으고, 마법을 담당하는 여신인 헤카테(Hekate)에게 기원하여 회춘(Rejuvenation)의 비약(秘藥)을 만들어낸 것이죠.

이렇게 만든 신비의 비약을 아이손에게 넣는 과정이 신기합니다. 아이손을 깊이 잠들게 한 다음 비약이 담긴 솥에 넣었다는 이야

의사가 읽어주는 그리스 로마 신화

〈이아손을 회춘시키는 메데이아〉(연도 미상), 펠레그리노 티발디. 약간은 끔찍할 수도 있는 회춘
시술 과정을 묘사하고 있습니다. 바로 목을 베어 피를 빼낸 후, 그 베어낸 자리에 회춘의 비약을
넣는 식입니다.

기도 있고, 좀 더 정교하게 목을 베어(아마도 경동맥을 자른 것 같습니
다) 원래 있던 아이손의 피를 빼내고 비약을 대신 채워 넣었다는 이
야기도 있습니다. 어느 쪽이든 상당히 잔인하지만, 혈관으로 원래 피
를 빼내고 비약을 채워 넣었다는 이야기가 상당히 흥미롭습니다. 왜

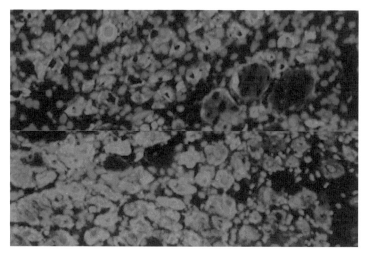

노화된 혈액 내 단백질들을 희석하는 과정을 거치기 전(위)과 후(아래)의 쥐의 근육섬유 상태 비교. 좀 더 명확한 도넛 모양을 보이는 것이 건강한 세포이며, 노화된 성분들을 희석한 것만으로도 근조직이 젊고 건강해진 것을 관찰할 수 있습니다.

냐하면, 최근에 진행되고 있는 연구들에서 혈액 속의 '나이든 성분'을 희석해 줄이는 것이 세포와 조직을 다시 젊어지게 하고, 또한 인지기능 회복과 신경염증반응을 줄이는 것에 도움이 된다는 결과들이 나오고 있기 때문입니다.[10] 물론 아직까지는 동물 시험 단계이므로, 사람에게 적용하려면 많은 노력과 시간이 필요하지만 매우 흥미로운 연구 결과임에는 틀림이 없습니다.

아이손의 혈액을 바꿈으로써 젊음을 되찾게 되었다는 이야기가 나올 수 있었던 배경은 무엇일까요? 이 이야기를 쓴 오비디우스가 살던 로마제국 시기에는 이미 4체액설(四體液說)[11]이 널리 통용되고 있었습니다. 따라서 아이손의 회춘을 당시 기준으로 최대한 합리적인 이론인 4체액설에 근거하여 설명했던 것 아닐까 싶습니다.

의사가 읽어주는 그리스 로마 신화

아직까지 완벽하게 젊음을 되찾는 방법은 밝혀지지 않았지만, 앞서 이야기한 연구들이 계속 진행되다 보면 우리 모두 아이손과 같은 놀라운 경험을 하게 될 수 있을지도 모릅니다. 그런 날이 오면 메데이아도 더 이상 마법사나 마녀가 아닌 의과학자로 재평가받게 될지도 모르겠네요.

03

—

신화에서 기원한
의학용어

1

아라크네와 거미막

앞에서 잠시 언급한 거미막하 출혈을 기억하시나요? 제우스가 심한 두통 끝에 도끼로 머리를 열었고, 그 안에서 아테나가 나왔다는 이야기였지요. 거미막은 무엇을 말하는 것일까요? 거미막을 알기 위해서는 우리 뇌에 대해 간단히 살펴볼 필요가 있습니다.

뇌는 우리 몸에서 가장 중요하고, 또한 매우 예민한 기관이기에 외부의 충격을 보호하기 위한 완충 시스템들이 존재하고 있습니다. 우선 가장 바깥쪽에 매우 단단한 머리뼈(두개골)가 있습니다. 그리고 머리뼈 안쪽으로 3개의 막이 있는데, 경질막(dura mater: 단단한 막이라는 뜻입니다), 거미막(arachonid: 이전에는 지주막이라 불렀습니다), 그리고 연질막(pia mater: 부드러운 막이라는 뜻입니다)이 밖에서 안쪽으로 차례로 뇌를 감싸고 있습니다. 거미막하 공간(subarachnoid space)은 거미막과 연질막 사이의 공간을 말하는데요, 이 공간에 뇌

의사가 읽어주는 그리스 로마 신화

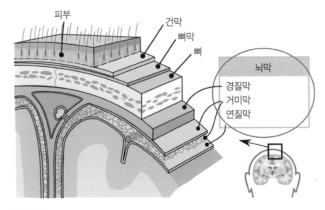

뇌막의 구조

척수액(cerebrospinal fluid)이 들어있어서 사람의 뇌는 물 안에 떠 있는 듯한 상태로 존재합니다. 이 뇌척수액을 통해 뇌에 여러 가지 영양분을 공급하거나 뇌세포에서 나온 노폐물이 밖으로 빠져나가지요.

거미막하 출혈은 이 공간에 여러 가지 원인으로 혈액이 흘러나와 차게 되는 것을 말합니다. 거미막하에 출혈이 생기면 극심한 두통과 함께 반신마비, 혼수상태와 같은 신경학적 이상 소견이 발생하는데, 적절하고 빠른 치료를 받지 않으면 심각한 장애가 남거나 사망할 수도 있습니다. 어쨌든 이 거미막이란 이름은 거미줄처럼 보이는 구조에서 유래했습니다. 그렇다면 거미막의 영어 단어는 뭘까요? 거미줄과 비슷하다는 것에서 나왔으니 스파이더(spider)라는 단어가 들어갈까요? 그렇지 않습니다. 거미막의 영어 단어는 바로 아레크노이드(arachnoid)입니다. 이 단어는 왠지 그리스 신화에서 가져온 것 같네요.

아레크노이드는 그리스 로마 신화에 나오는 베 짜는 처녀의 이름인 '아라크네(Arachne)'에서 나온 말입니다. 아라크네는 리디아 (Lydia) 지방에 살던 이드몬이라는 염색 장인의 딸로, 아버지의 직업 덕분인지 어렸을 때부터 베 짜기와 자수에 능해 그 재주로 이름을 날렸습니다. 그러나 그리스 로마 신화 속 인간들의 불행은 항상 그 뛰어난 재주를 자만하는 것에서 시작합니다. 아라크네 역시 자신의 재주를 너무 자랑스럽게 생각한 나머지 '나의 베를 짜는 재주는 아테나 여신보다도 뛰어나다'고 이야기하고 다녔습니다. 아테나는 보통 전쟁과 지혜의 여신으로 알려져 있으나 베 짜기와 같은 다양한 재주와도 관련된 신이었고, 그 능력 역시 매우 뛰어난 존재였습니다.

기본적으로 이성적인 편인 아테나 여신은 아라크네의 이야기를 듣고 바로 벌을 내리기보다는 일단 그녀를 찾아가 타이르고 자신의 오만함을 스스로 뉘우치게 하려 했습니다. 노파의 모습으로 변신한 아테나는 아라크네를 찾아가서는 부드럽게 타일렀습니다.

"젊은 아가씨, 그렇게 신에게 건방진 이야기를 하면 안 됩니다. 지금이라도 잘못을 깨닫고 아테나 여신의 신전에 찾아가 잘못을 비세요. 그러면 여신께서 당신을 용서해주실 겁니다."

하지만 아라크네 역시 괜히 신화에 등장하는 사람은 아니었는지, 노파의 말을 듣고 뉘우치기는커녕, 더 화를 내며 '아테나 여신을 불러오라, 직접 베 짜기 대결을 해도 내가 이길 것이다!'라는 식으로 이야기했습니다. 이렇게 건방진 태도를 보이자 아테나도 더 이상 참지 못하고, 변신을 풀어 본모습을 드러냈습니다. 베 짜는 공방 안이 갑작스레 여신의 광휘로 가득 차자 안에 있던 사람들 모두가 엎드려 여신을 경배했습니다. 하지만 아라크네는 그 모습을 보고도 놀라기만 할 뿐 자기 생각을 바꾸지 않았습니다. 아테나는 젊은이의 고집을 안타까워하며(신들과 경쟁을 한다는 것은 큰 대가를 각오해야만 하는 일이니까요), 베 짜기 대결을 시작했습니다.

대결하는 여신과 처녀 모두, 매우 훌륭한 베 짜기 솜씨를 선보였고, 그 솜씨가 얼마나 대단했는지 직물의 무늬가 살아 움직이는 것처럼 보일 지경이었다고 합니다. 아테나 여신이 주로 신들의 놀라운 기적을 주제로 베를 짰다면(자신이 포세이돈과 도시 아테네를 놓고 경쟁한 일과 신에게 불경을 저지른 인간들이 벌을 받고 후회하는 모습), 아라크네

〈실 잣는 여인(아라크네 우화)〉(1655년), 디에고 벨라스케스. 이 그림에서 아직 노파의 모습인 아테네와 실 잣는 데 여념이 없는 아라크네의 모습이 보입니다. 아라크네가 등돌리고 있는 모습에서 여신의 충고를 무시하고 있음이 느껴지죠. 그림 뒤쪽에 보이는 테피스트리의 내용은 아테나와 아라크네의 이야기라고 합니다(사실 투구를 쓴 아테나 여신 외의 나머지 부분은 여성 같긴 하나 어떤 이야기 속 인물을 묘사하는지 정확하게 구분되지 않네요).

〈아테나와 아라크네〉(1544년), 틴토레토. 아테나 여신이 변신을 풀고 원래의 모습으로 아라크네와 대결에 임하는 것이 보입니다. 여신을 보고도 그리 긴장한 것 같지 않은 아라크네의 배짱이 느껴집니다. 아라크네는 베를 짤 때도 소로 변신하여 에우로파를 납치해 달아나던 제우스의 이야기 등을 다뤘다고 합니다. 신성모독의 대가인 아라크네다운 주제 선정이죠.

는 신들이 벌인 여러 가지 한심한 사건들(예를 들면 제우스의 불륜 행각이라든지…)을 주제로 직물을 짰습니다.

아라크네의 직물은 몹시도 훌륭했지만, 그 내용의 불경함이 너무나 심했습니다. 아테나는 더 이상 참지 못하고 자리에서 일어나 아라크네의 직물을 찢어버립니다. 그러고는 아라크네를 무릎 꿇리고 그녀의 이마에 손을 얹어 죄책감과 치욕을 느끼게 하죠(여러 차례 때려서 기절시켰다는 이야기도 있습니다). 결국, 너무 큰 치욕감을 느낀 아라크네는 목을 매달아 자살하고 말았습니다. 그렇게 죽어버린 아라크네를 본 아테나는 동정심이 생겨 그녀를 거미로 만들어주었으며(이때 헤카테(Hecathe)라는 주술을 담당하는 티탄 여신의 약초에서 추출한 약물을 뿌려서 변신시켰다고 합니다), 목을 맸던 줄은 거미줄로 변했다고 합니다. 그렇게 아라크네와 그녀의 자손들은 거미의 모습으로

의사가 읽어주는 그리스 로마 신화

〈팔라스(아테나의 또다른 이름)와 아라크네〉(1636~37년), 페테르 파울 루벤스. 분노를 참지 못한 아테나가 말 그대로 아라크네를 두들겨 패고 있네요. 말 안 듣는 딸을 혼내는 어머니 같기도 하고, 인간에 대한 신의 원초적인 분노와 짜증이 뿜어져 나오는 그림입니다.

영원히 베를 짜는 업을 계속하게 된 것입니다.

아라크네는 신화에서 자신의 능력으로 신과 맞대결을 해 이기거나 비긴, 거의 유일한 존재일 것입니다. 비록 최후는 비극으로 끝났지만, 그녀의 베 짜기 솜씨 자체는 결국 아테나 여신과 동급 혹은 그 이상이라는 식으로 묘사되었으니까요(직물 상태가 모자라서 패배한 것이 아니라 내용이 너무 불경해서 시합이 중단된 것으로 볼 수 있습니다). 그뿐만 아니라 아라크네는 거미로 변해 자신의 이름을 계속 남겼고, 우리의 몸에서도 가장 중요한 부분인 뇌를 지키는 막의 이름으로 살아남았습니다.

뇌는 인간의 이성과 감정을 만들어내는 가장 중요하고도 신비로운 기관입니다. 이러한 뇌를 지키기 위해, 뇌를 싸고 있는 막들 역시 외부 충격이나 감염의 방어선으로서 의무를 다하고 있습니다. 마치 여신 앞에서도 자신의 고집을 꺾지 않았던 아라크네처럼 말이죠.

의사가 읽어주는 그리스 로마 신화

2
넵튠의 해마

뇌 안에는 거미막 말고도 그리스 로마 신화 출신의 기관이 또 있습니다. 거미막 못지않게 중요한 역할을 하고 또 사람들에게도 많이 알려진 기관이죠. 바로 '해마(Hippocampus)'입니다.

해마(海馬)는 '실고기과'에 속하는 어류로 동아시아에서는 한방 재료 혹은 식재료로 사용했습니다. 종에 따라 크기와 모양이 다양한 해마는 암컷이 수컷의 새끼주머니 속에 알을 낳으면 그 알이 수컷의 배 속에서 자라 출산하는 신기한 생식 과정 그리고 거의 평생을 같은 상대와 짝짓기를 하는 일웅일자행동(monogamy)으로 잘 알려져 있습니다.

해마의 학명인 히포캄푸스(Hippocampus)는 고대 그리스어로 말을 뜻하는 히포(Hippo)와 바다 괴물을 의미하는 캄포스(Kampos)를 더해서 만든 단어이며, 그리스 로마 신화에서는 포세이돈 혹은 넵튠(포세이돈이 로마로 건너가서 불린 이름)의 마차를 끄는 것으로 묘사됩니다.

이 전설 속의 해마는 어디까지나 상상의 동물이었기에, 실제 해마와는 현저하게 다른 모습이었습니다. 상반신은 완벽한 말의 형태이고 하반신은 물고기의 혹은 바다뱀과 같은 꼬리와 지느러미가 달린 모습으로 그려졌으니까요.

이 해마가 뇌 속에 있는 기관의 이름이 된 것은 그 모양이 매우

두 마리의 해마가 끄는 마차에 넵튠이 서 있습니다. 3세기 중반에 만들어진 모자이크 작품.

의사가 읽어주는 그리스 로마 신화

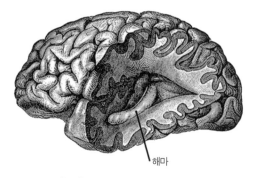

해마

흡사하기 때문입니다. 살짝 징그럽게 여겨질 수도 있지만, 그림 속 기관을 처음으로 해부하고 이름을 붙였던 해부학자가 '해마'라는 전설 속 생물을 떠올렸던 것이 당연하게 느껴질 정도로 그 형태가 닮았습니다.

변연계(Limbic system)[12]의 일부인 해마는 인간의 뇌 안에 한 쌍으로 존재하며, 주로 기억과 관련된 역할을 합니다. 해마는 기억 강화에 관여하며, 단기 기억과 장기 기억으로 저장되는 과정에 중요한 역할을 합니다. 또한, 길 찾기 능력 등과 연관된 공간 기억을 저장하는 역할도 담당합니다.

해마는 크게 두 개의 부속 부분으로 이루어져 있는데, 각각 고유해마(Hippocampus proper: 붉은 원 안쪽)와 치상 회(Dentate gyrus: 파란색 열린 타원)라고 부릅니다.

고유 해마는 해마의 실제 구조라고 볼 수 있는데요, CA1에서 CA4까지 네 개의 부위로 구분합니다. 이전에는 암몬[13]의 뿔(Ammon's horn)이라고도 불렀습니다. 치상 회는 일화 기억 생성에 관여하며, 포유류의 성인 신경생성(Adult neurogenesis)에 중요한 역할을 하는 것으로 알려져 있습니다.

해마는 알츠하이머병(치매) 환자에서 위축되기도 하고, 뇌전증 환자에서는 해마 경화증(Hippocampal sclerosis)이 발견되기도 합

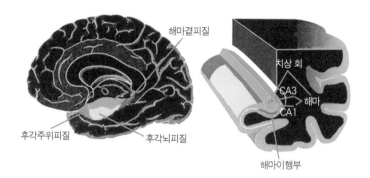

니다.

　상상 속 바다의 괴물이 우리의 뇌 속에서는 너무나 큰 역할을 담당하는 구조물의 이름이 되었다는 것이 새삼 신기합니다. 모양이 비슷하기도 하지만, 뇌라고 하는 신경의 바다 속 깊숙한 곳에 있는 구조물이란 점에서 '해마'라는 이름이 아주 적절한 것 같습니다.

3
전정미로

보통 우리 눈으로 볼 수 있는 귀는 외부의 소리를 모아주는 청각 수용기 역할을 합니다. 하지만 그 귀 가장 안쪽에 있는 속귀(inner ear)에는 더욱 복잡한 기관이 존재합니다. 이름만 들어도 복잡할 것 같은 미로(Labyrinth)인데요, 이 미로는 크게 뼈미로와 막미로로 이루어져 있으며, 자세히 보면 여러 가지 하위 기관들도 볼 수 있습니다.

이 중에서 '전정기관(vestibular organ)'은 평형감각과 우리 몸의 균형 유지를 담당합니다. 전정기관은 세 개의 반고리관과 전정, 전정미로, 그리고 전정신경으로 이루어져 있습니다. 다음으로 와우(Cochlea) 혹은 달팽이관이라고 불리는 구조물과 청신경(Cochlear nerve)은 청각을 담당합니다. 만약 이 기관에 이상이 생기면 어지럼증과 구토, 이명 등의 증상이 일어날 수 있습니다.

이들 기관 중에서 전정미로라는 기관의 영어 단어를 보면 보통

전정기관: 균형 감각 담당

8번 뇌신경:
균형과 청각

와우:
청각 담당

속귀는 균형감각을 담당하는 전정기관(빨간색 타원)
과 소리를 듣는 기능을 담당하는 와우(초록색 타원)로
이루어져 있으며, 이 기관에서 모인 감각 정보는 8번
뇌신경을 통하여 뇌로 전달됩니다.

많이 쓰는 단어인 '메이즈(maze)' 대신 '래버린스(labyrinth)'가 들
어가 있습니다. 래버린스는 그리스어로 미로(Labyrinthos)를 뜻하는
단어에서 만들어진 것으로, 그리스 신화에서 가장 유명한 영웅 중
하나인 테세우스(Theseus)의 모험 이야기에서 나옵니다.

테세우스는 아테네의 왕자로 아이게우스(Aegeus) 왕과 아에트
라 왕비 사이에서 태어난 아주 아름답고 훌륭한 청년이었습니다. 하
지만 테세우스가 자랄 당시 아테네는 크레타 왕국에 조공을 바치고
있었습니다(미노스 왕의 아들 중 하나가 아테나에서 열린 올림픽 경기에
서 살해되어서 사죄의 의미로 조공이 시작되었다는 이야기가 있습니다). 해
마다 청년 일곱 명과 처녀 일곱 명을 조공으로 바쳐야 했던 아테네에
는 늘 슬픈 기운이 감돌았습니다.

의사가 읽어주는 그리스 로마 신화

크레타에서 사람을 요구하게 된 이유는 크레타 왕국에서 태어난 황소머리의 괴물 미노타우로스(Minotauros: 미노스(Minos)와 타우르스(Taurous)가 결합한 말로 '미노스 왕의 황소'라는 뜻입니다) 때문이었는데, 이 괴물의 먹이로 아테네의 젊은이들을 희생시켰던 것입니다. 한마디로 인신공양의 제물이 되기 위해 매년 14명의 아테나 젊은이들이 크레타로 떠나야 했던 것이죠.

젊은이들이 희생되는 과정도 정말 참혹했습니다. 미노스 왕은 미노타우로스를 가두기 위해 다이달로스(Daidalos)라는 장인(匠人)에게 명령해 거대한 미로를 만들었습니다. 그 미로의 가장 깊숙한 곳에 미노타우로스가 갇혀 있었죠. 이 미로에 아테나에서 온 젊은이들이 들어가야만 했고, 탈출하기 위해 돌아다니다 미로 속에 있던 미노타우로스에게 잡아먹히는 것이었습니다. 절망과 공포 속에서 미로를 헤매다 괴물을 만나서 죽어가야 했던 젊은이들은 얼마나 고통스러웠을까요. 자식들을 제물로 떠나보내야 했던 아테네 사람들의 슬픔은 또 얼마나 컸을까요.

이러한 백성들의 비극을 알게 된 테세우스는 왕자로서 가만히 있을 수 없었습니다. 테세우스는 아버지 아이게우스 왕을 찾아가 자신을 제물이 될 다른 젊은이들과 함께 크레타로 보내 달라고 청했습니다. 본인이 미노타우로스를 없애고 젊은이들을 구해 같이 살아 돌아오겠다고 하면서 말이죠. 그 말을 들은 아이게우스 왕은 커다란 슬픔에 빠졌지만(테세우스는 계속 자식을 얻지 못하던 그가 신탁을 통해 겨우 얻은 아들이었으니까요), 아들의 확고한 뜻을 거스를 수가 없었습니다. 하는 수 없이 왕은 테세우스에게 반드시 돌아올 것을 당부하며, 무사히 살아 돌아오면 배의 꼭대기에 하얀 깃발을 달고 혹시라도 나쁜 결과가 있으면 검은 깃발을 달고 와 달라고 부탁했습니다.

아버지와 고향 아테네를 뒤로 한 채 다른 13명의 젊은이와 함께 크레타에 도착한 테세우스는 미노스 왕의 딸인 아리아드네(Ariadne)와 사랑에 빠졌고, 그녀의 도움으로 미로를 빠져나올 방법을 찾게 됩니다. 아리아드네는 사랑하는 테세우스를 도와주기 위해 실타래를 구해 미로 속으로 들어가는 테세우스의 손에 쥐어 주었고, 그 실타래를 입구부터 풀면서 들어갔던 덕분에 미로에서 빠져나

미로와 미로에 들어간 테세우스. (1) 왼쪽의 작자 미상의 그림은 중세 시대에 그려진 것인지, 테세우스가 갑옷을 입은 기사처럼 묘사되어 있습니다. 미궁의 중심부에서 미노타우로스를 물리치는 순간을 그려놓았습니다. (2) 오른쪽의 그림에서는 아리아드네가 준 실타래를 붙잡고 미노타우로스와 마주치기 직전 테세우스의 모습이 그려져 있습니다. 미노타우로스도 고개를 빼꼼히 내밀고 자신의 먹잇감이 될 희생자를 기다리고 있습니다. 그러나 결국 미노타우로스를 기다리는 것은 죽음이었죠.

의사가 읽어주는 그리스 로마 신화

〈낙소스섬에 버려진 아리아드네〉(1898년), 존 윌리엄 워터하우스

의사가 읽어주는 그리스 로마 신화

올 수 있게 된 것입니다. 사랑의 힘으로 미로를 빠져나온다는 설정은 아주 아름다운 클리셰인 것 같습니다. 한 치 앞을 알 수 없는 미로 속을 가느다랗지만 끊어지지 않는 사랑의 실을 통해 헤쳐 나오는 것이니까요. 어찌 보면 고구려 시대의 호동왕자와 낙랑공주 이야기와도 겹칩니다. 사랑 앞에서는 나라도 포기한다는 점에서요.

어쨌든 테세우스는 전설적인 영웅답게 미로를 빠져나오기 전, 미로의 가장 깊숙한 곳에 숨어 있던 미노타우로스를 없애는 것에 성공합니다. 테세우스의 활약 덕에 제물로 바쳐졌던 젊은이들은 모두 무사할 수 있었죠. 그리고 이 탈출에 가장 큰 도움을 준 아리아드네와 함께 크레타를 떠날 수 있었습니다. 그러나 아테네로 돌아가던 중 '아리아드네를 고국으로 데리고 돌아가면 큰 불행을 얻을 것이다'라는 신탁을 듣게 된 테세우스는 안타까운 마음을 억누르며, 항해 중 잠시 머무르던 낙소스(Naxos)섬에서 잠들어 있던 아리아드네를 남겨둔 채 떠납니다.

단잠에서 깨어났을 때, 버려진 것을 알게 된 아리아드네의 심정은 정말 절망적이었을 것 같습니다. 전하는 이야기에 따르면 사랑하던 남자에게 버림받고 실의에 빠져 있던 아리아드네 앞에 포도주의 신인 디오니소스가 나타나 그녀를 위로하며 아내로 삼았다고 합니다. 사실 적국(敵國)의 공주였던 그녀를 데리고 돌아가 왕비로 삼기엔 여러 가지 현실적인 문제가 있어서 버려두고 떠난 것일지도 모릅니다.

우여곡절 끝에 아테네로 돌아간 테세우스는 고향에 무사히 돌아간다는 기쁨 때문인지, 아니면 사랑하는 여성을 배신하고 떠나야 했던 충격 때문인지, 배의 깃발을 흰색으로 바꾸는 것을 깜빡하고 말았습니다. 결국, 해안가에서 검은 깃발을 단 채 돌아오는 배를 본 아이게우스 왕은 아들을 잃었다는 비통함을 이기지 못하고 절벽에서 뛰어내려 생을 마감하고 말았습니다. 아이게우스 왕이 빠져 죽은 바다는 지금까지도 그의 이름을 따서 에게해(Aegean Sea)라고 불리고 있습니다.

귀국과 동시에 아버지의 사망 소식을 들은 테세우스 역시 큰 슬픔에 빠졌지만, 왕위에 올라 아테네 왕국을 다스리게 됩니다. 왕이 된 이후 테세우스는 수많은 업적을 이루며 이름을 날렸습니다. 그러나 본의 아니게 은인이자 연인인 아리아드네를 배신했던 탓인지, 그의 가정사는 순탄하지 않았고 미로처럼 꼬인 가족 관계 때문에 종국에는 왕위도 잃고 나라에서 추방되어 쓸쓸히 죽었다고 합니다.

미로는 그 안의 구조가 복잡하고 탈출이 어려워 그곳을 헤매는 것만으로도 커다란 공포감과 어지럼증을 느끼게 할 수 있습니다. 우리 귀 안의 미로는 이상이 발생했을 경우(미로염) 어지럼증을 유발할 수 있으며, 그 어지럼증을 처음 겪는 환자는 미노타우로스가 있는 미로에 갇힌 것만큼이나 커다란 불쾌감과 공포감을 느낄 수 있습니다. 이렇게 보면 전정'미로'라는 이름은 여러 모로 적절해 보입니다.

4
아틀라스, 경추 1번

아틀라스(Atlas)라는 단어를 한 번쯤은 들어본 적 있을 것입니다. 아틀라스는 산맥, 게임 속 캐릭터, 승용차, 회사, 소설 제목 등 상당히 많은 곳에서 쓰이고 있는데, 정확한 의미나 어원은 잘 모르는 분들이 많습니다.

아틀라스는 티탄(Titan) 신족의 하나로 앞서 언급했던 크로노스(제우스의 아버지)의 형제 중 한 명인 이아페토스(Iapetos: 힘의 신)의 아들로 제우스와는 사촌지간이라고 할 수 있습니다. 제우스와 그의 형제들을 위시한 새로운 올림포스의 신족 그리고 원래 세계를 지배하고 있던 티탄 신족들 간의 싸움인 티타노마키아에서 티탄 신족은 패배하였고, 이후 제우스에 대항했던 티탄 신족들은 여러 가지 형태로 봉인(주로 지하세계인 타르타로스에 갇혔죠)되거나 벌을 받았습니다. 물론 일부 티탄 신족들은 일찌감치 제우스 편을 들어 무사하기도 했

아틀라스상. 이 조각상에서 아틀라스는 천구(구체 형태로 묘사된 하늘)를 들고 있습니다.

의사가 읽어주는 그리스 로마 신화

지만 말입니다.

　어쨌든 아틀라스는 대부분의 티탄 신족들과 마찬가지로 제우스와 맞서 싸웠기에 패배로 인한 벌을 받았습니다. 그가 받은 형벌은 하늘을 떠받치는 것이었습니다.

　아틀라스는 목 뒤에 괴어 놓는 형태로 무거운 하늘을 떠받치게 되었는데, 이후로도 종종 신화에서 언급됩니다. 이를테면 헤라클레스의 열두 가지 과업 중 하나가 황금사과를 가져오는 것이었는데, 황금 사과나무를 지키고 있는 존재는 아틀라스의 딸이자 석양과 저녁의 요정들인 헤스페리데스(Hesperides)였습니다. 헤라클레스는 아틀라스가 그녀들에게 가 황금 사과를 얻어올 동안 하늘을 대신 들어주기도 했습니다.

　기나긴 형벌을 견디다 못한 아틀라스는 이후 메두사와 싸워 이긴 영웅인 페르세우스에게 자신을 돌로 만들어 달라고 부탁했습니다. 현재 북아프리카 모로코에 있는 아틀라스산맥이 바로 그가 돌로 변한 모습이란 전설이 있습니다. 산맥이 그리스보다 서쪽에 있는 데다 너머에는 망망대해만이 펼쳐져 있어,[14] 고대 그리스 사람들이 보기엔 세상의 끝에서 하늘을 받치고 있다는 생각이 들었을 것 같습니다.

　재미있게도 세상을 받치고 있는 아틀라스의 목 뒷부분에 있는 것이 경추(cervical spine)의 첫 번째 뼈인데, 그 뼈의 영어 이름이 바로 '아틀라스'입니다. 아틀라스가 자신보다 훨씬 거대한 하늘을 받치고 있듯이, 경추 1번도 자신의 크기에 비해 매우 거대하고, 또 인체에서 무엇보다 중요한 '머리'를 받치고 있습니다. 인간의 머리 안에

〈헤리페리데스의 정원〉(1892년), 프레더릭 로드 레이튼

있는 뇌에서 수많은 상상과 사고가 가능하고, 그 범위가 우주만큼 넓은 것을 생각해보면, 이보다 더 적절한 이름은 없는 것 같습니다.

경추 1번의 골절이나 손상은 흔히 일어나지는 않지만, 급성 경추 손상의 2~13퍼센트이며 전체 척추 손상의 1~2퍼센트 정도를 차지한다고 합니다.[15] 그러나 손상이 발생하면 사지마비 등의 후유증도 발생할 수 있으므로, 1번 척추 손상이 의심되면 환자 운반과 처치에 주의를 기울여야 합니다.

위에 언급한 헤스페리데스 외에도 아틀라스에게는 일곱 자매로 이루어진 플레이아데스(Pleiades)가 있었습니다. 지금은 성단(星團) 이름으로 더 많이 알려진 플레이아데스는 황소자리(Taurus)의 알파

의사가 읽어주는 그리스 로마 신화

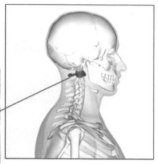

아틀라스와 경추 1번

성인 알데바란(Aldebaran) 근처에서 관찰할 수 있는 별 무리로, 우리말로는 '좀생이별'이라고 부릅니다. 맨눈으로 보기엔 작은 별들이 모여 있는 것처럼 보여 '좀'이란 표현이 들어간 것 같습니다. 동아시아에서는 '묘수(昴宿)'라고 불리며, 서쪽 방위를 담당하는 백호(白虎) 7수 중 하나로 여겨졌습니다. 예전에 유행했던 일본 만화인 『판타스틱 게임』을 읽어본 적 있는 분들이라면 상당히 익숙한 표현일 것입니다(주인공은 비록 남방을 담당하는 주작(朱雀)의 무녀(巫女)와 7수들이었지만 말이죠).

이 일곱 자매 중 막내 격인 메로페(Merope)는 코린토스(Kórinthos)의 왕 시시포스(Sisyphus)와 결혼했는데, 익히 알다시피 이 시시포스는 올림포스 신들을 속인 죄로 산 위로 바위를 밀어 올리고 다시 바

〈플라이아데스 일곱 자매〉(1885년), 엘리후 베더

위가 굴러떨어지면 또 밀어 올리기를 영원히 반복하는 벌을 받은 존재입니다. 아버지와 남편이 모두 신에게 벌을 받은 메로페는 그 사실이 슬퍼서(혹은 수치스러워서) 모습을 숨겼다고 합니다. 이런 전설처럼 실제로 플레이아데스 중에서 맨눈으로 밤하늘을 올려다보았을 때 잘 관찰이 안 되는 별이 메로페입니다.

의사가 읽어주는 그리스 로마 신화

5

질막

질막은 질구부(膣口部)에 있어 질전정(膣前庭)과 질의 경계를 이루는 부위로, 점막조직과 섬유상 결합조직이 혼합된 형태입니다. 실제로 질막은 질 입구를 막고 있는 형태는 아니고 질벽을 따라 늘어 붙어 있는 조직으로, 성행위나 기타 격렬한 운동 등으로 파열될 수 있는 조직입니다. 만약 질막이 완전히 질 입구를 막고 있는 경우에는 질막 폐쇄증(imperforate hymen)이란 질병이므로 병원에 가서 제거하는 수술을 받아야 합니다.

질막이란 뜻의 영어 의학 단어인 '하이먼(Hymen)'의 기원은 고대 그리스의 '결혼과 결혼식의 신'인 히메나이오스(Hymenaios)입니다.

히메나이오스는 사랑과 성(性)을 담당하는 신들인 에로테스(Erotes) 중 한 명으로, 그의 형제로는 사랑의 신인 에로스(Eros) 등

〈히메나이오스〉(1869년), 에드워드 번-존스

의사가 읽어주는 그리스 로마 신화

이 있습니다. 히메나이오스는 에로스의 형제답게 날개 달린 어린아이 혹은 청년의 모습으로 나타난다고 합니다. 아울러 결혼식의 축가, 혹은 축하하는 노랫소리 전반을 의인화한 신입니다.

에로테스의 일원인 히메나이오스는 에로스처럼 사랑의 여신 아프로디테의 아들이라는 전승이 있습니다. 하지만 노래를 의인화한 신답게, 예술의 여신인 무사이(Musai) 여신 중 현악과 서사시를 담당하는 칼리오페(Calliope)와 태양의 신 아폴론 사이에서 태어났다는 이야기도 있습니다.

그리스 신화에서 히메나이오스의 등장은 많지 않으나 가장 아름다운 비극 중 하나인 오르페우스(Orpheus)와 에우리디케(Eurydice)의 이야기 속에서 잠시 언급됩니다. 그리스 신화 속 최고의 음악가인 오르페우스와 아름다운 요정인 에우리디케는 서로 열렬히 사랑했습니다. 그러나 운명의 장난으로 에우리디케는 독사에 물려 사망합니다. 에우리디케를 찾아 저승까지 간 오르페우스는 아름다운 음악을 연주해 그녀를 찾아오지만, 이승과 저승의 경계에서 다시 그녀를 놓치게 되는 슬픈 결말을 맞습니다.

사실 이 비극의 전조는 두 연인의 결혼식에서부터 나타났습니다. 이 둘의 결혼식에 나타난 히메나이오스는 어떠한 길조(吉兆)도 가져다주지 못했고, 축복을 위해 들고 간 횃불에서는 매캐한 연기만 나와 모두를 눈물짓게 했다고 합니다. 비록 오르페우스 이야기에서는 슬픈 결말의 전조만 보여주었으나 실제로는 모든 결혼식에서 축하의 노래와 축복의 징조를 전하는 신이 바로 히메나이오스입니다.

〈오르페우스와 에우리디케〉(1862년), 에드워드 포인터. 저승에서 사랑하는 아내를 찾아오려 노력하는 오르페우스의 모습을 잘 묘사하고 있습니다.

과거에는 사람들의 평균 수명이 비교적 짧아 일찍 혼인하는 편이었고, 특히 여성들의 순결이 강조되었습니다. 그러므로 결혼식 전까지는 여성의 질막이 손상될 이유가 없었다고 생각해 이 신체 조직의 이름을 히메나이오스에게 빌려와 지은 것 같습니다.

의사가 읽어주는 그리스 로마 신화

6
아킬레스건

이번에는 '약점'의 대명사로 알려진 '아킬레스건'에 대한 이야기를 하고자 합니다. 앞서 히드라의 독으로 사망한 영웅 이야기에서 잠시 언급했던 아킬레우스는 명실상부한 트로이 전쟁 이야기 속 최고의 영웅입니다. 그리스 미케네 문명과 트로이 문명이라는 두 문화권의 격돌이었던 트로이 전쟁은 그리스 신화에서 가장 규모가 큰 전쟁 이야기이며, 그리스 전역의 영웅들과 트로이 왕국 및 동맹국의 영웅이 총출동하는 화려한 서사시입니다.

『일리아스』에서 설명하는 트로이 전쟁의 불씨는 스파르타 왕국의 공주이자 신화 속 최고 미녀인 헬레네의 결혼이었습니다. 이 미녀는 출생부터 비범했습니다. 헬레네의 어머니인 레다 왕비는 백조로 변한 제우스, 그리고 남편인 틴다레오스(Tyndareos) 왕 사이에서 두 개의 알을 낳게 됩니다. 사람이 알을 낳다니 너무 황당하지만, 고대

트로이 전쟁. 미케네 문명과 트로이 문명의 격돌

신라의 박혁거세 탄생 이야기와 같은 일종의 난생설화(卵生說話)로 볼 수 있습니다.

고대에는 출산을 도와주는 방법으로 산파의 보조나 산모의 생명을 포기하는 방식의 절개법(19세기 이전에는 제대로 된 마취 방법도 없었기에 제왕절개를 시행하다가 임산부들이 사망하는 일이 흔했습니다) 밖에 없었다는 것을 생각해보면, 네쌍둥이를 무사히 뱃속에서 키워 분만한다는 것은 기적과도 같은 일일 것입니다. 이런 이유 그리고 스파르타 왕족들의 신비함(신성성)을 강화하고자 하는 목적이 더해져 레다 왕비가 알을 낳았다는 식으로 소문이 났을 것입니다.

의사가 읽어주는 그리스 로마 신화

〈레다와 백조〉(1508~1515년), 레오
나르도 다빈치. 왼쪽 아래에 두 개의
알에서 태어난 쌍둥이의 모습이 잘
묘사되어 있습니다.

　이 알들에서는 카스토르(Kastor)와 폴리데우케스(영어로는 폴룩
스(Pollux)라고도 하나 그리스어로는 폴리데우케스(Polydeuces)입니다)
형제와 헬레네와 클리타임네스트라(Clytemnestra) 자매가 태어나는
데, 이 중에서 틴다레오스 왕의 아이들은 카스토르와 클리타임네스
트라였고, 제우스의 아이들은 폴룩스와 헬레네였습니다. 현대의학으
로 보면, 아주 드문 확률을 뚫고 두 남성의 정자가 한 여성의 난자들

에 각각 수정이 일어난(이른바 '중복수정' 또는 '중복임신'이 일어난) 것으로, '이부(異父)동시복임신(heteropaternal superfecundation)'이라는 용어도 쓸 수 있습니다.

이 쌍둥이 중 형제인 카스토르와 폴리데우케스는 디오스쿠로이(Dioscuri)로 불리며 영웅으로 이름을 떨쳤고, 후에는 둘 다 별이 되어 현재까지 황도 12궁의 하나인 쌍둥이자리로 남았다는 전설이 지금까지 내려오고 있습니다. 쌍둥이자리에서 가장 밝은 별 두 개에 저 형제의 이름이 붙어 있습니다(신기하게도 제우스의 피를 이어받은 폴리데우케스의 이름이 붙은 별이 더 밝게 빛납니다).

헬레네의 자매이자 역시 뛰어난 미인이었던 클리타임네스트라는 미케네의 왕인 아가멤논(Agamemnon)의 왕비가 되었습니다. 그러나 트로이 전쟁 후에는 나중에 이야기할 '엘렉트라 콤플렉스'의 원형이 되는 끔찍한 사건의 주인공이 됩니다. 형제자매들이 모두 비범한 삶을 살았던 것이죠.

알에서 태어난 형제자매 중 가장 유명한 헬레네는 그 미모가 그리스 신화 속 '인간 여성 중' 가장 아름답다는 칭송을 받았던 터라 수많은 영웅이 그녀의 남편이 되길 원하였습니다.

앞서 나왔던 아테네의 영웅 테세우스가 어린 소녀였던 헬레네를 보고 반해 납치한 적도 있었으니, 유괴라는 용납하기 힘든 범죄를 차치하고 생각한다면 정말 엄청난 미모의 소유자였음을 미루어 짐작할 수 있습니다.

이렇게 헬레네에게 너무나 많은 구혼자가 몰려들었기에 자칫

했다가는 그리스 전역에서 전쟁이 날 수도 있는 상황이었습니다. 이를 해결하기 위해 구혼자 중 하나였던 이타카(Ithaca)의 오디세우스(Odysseus: '증오받는 자'라는 뜻입니다. 그리스 신화를 읽어보면 너무나 어울리는 이름이라는 생각이 듭니다)가 한 가지 계책을 내놓았습니다. 그것은 바로 구혼자 중 누가 선택되든 간에 서로 싸우지 말고 일종의 동맹을 맺어 그 혼인을 방해하는 자를 막기 위해 함께하자는 것이었습니다. 물론, 이 계책은 매우 신묘한 것이었지만, 결국 오디세우스 본인까지 트로이 전쟁으로 끌고 들어가는 물귀신으로 작용했으니 먼 훗날의 오디세우스가 보았다면 뜯어말리고 싶은 계책이었을 것입니다.

결국, 헬레네는 아가멤논의 동생인 메넬라오스(Menelaus) 왕자와 결혼하였고, 이 결혼을 통해 메넬라오스는 스파르타의 왕이 되었습니다. 오디세우스는 헬레네의 사촌인 페넬로페(Penelope)와 결혼해 그리스 신화에서 가장 금실 좋은 부부 중 한 쌍으로 이름을 남깁니다.

이렇게 그리스 전역을 떠들썩하게 만들었던 구혼 소동은 나름 해피엔딩으로 끝나는 듯싶었습니다. 하지만 이렇게 모두 오래오래 행복하게 살았다면 트로이 전쟁은 일어나지 않았을 것이고, 그리스 신화의 후반부 하이라이트는 전부 사라졌을 것입니다. 운명은 헬레네를 가만히 두지 않았습니다.

헬레네가 메넬라오스와 결혼한 다음 헤르미오네(Hermione: 소설 『해리 포터』 시리즈에 나오는 헤르미온느와 같은 이름입니다)라는 딸도

〈파리스의 심판〉(1904년), 엔리케 시모네

낳고 잘살고 있을 때, 트로이의 왕자 파리스가 스파르타로 놀러 오게
됩니다.

　사실 이 파리스도 태어날 때 트로이를 멸망시킬 거란 예언을 받
고 버려졌다가 다시 왕가로 들어간 매우 기구한 팔자의 왕자였습니
다. 그러나 미인이 많기로 유명한 트로이의 왕족답게 외모도 매우 아
름다웠고, 아프로디테, 아테네, 헤라가 참가한[16] 올림포스 여신들의
미인대회에서 아프로디테 편을 들어 세상에서 가장 아름다운 여인
을 아내로 맞이하기로 약속을 받은 상태였습니다.

　여러모로 왕족과는 안 어울리는 한량 같은 사람이었지만, 어쨌
든 범상치 않은 운명의 소유자임에는 틀림이 없었고, 이 운명은 파

　　　　　　　　　　　　　의사가 읽어주는 그리스 로마 신화

리스가 스파르타를 방문했을 때 움직이기 시작했습니다. 아프로디테 여신이 약속을 지키고자 자기 아들인 에로스를 시켜 헬레네에게 사랑에 빠지게 하는 금화살을 쏘게 한 것입니다.

거부할 수 없는 애정에 휩싸인 헬레네는 모든 것을 버리고 파리스와 함께 트로이로 도망을 칩니다. 뒤늦게 이 사태를 알게 된 파리스의 형이자 트로이의 첫째 왕자였던 헥토르(Hector)는 말 그대로 뒷목 잡을 것 같은 고뇌에 빠지게 됩니다. 멀쩡히 잘살고 있던 다른 나라의 왕비를, 게다가 그리스 전역의 영웅들이 그녀의 결혼을 수호하기로 맹세한 여인을, 고작 사랑을 위해 데리고 도망친 셈이었으니까요. 결국, 트로이에는 커다란 걱정거리가 넝쿨째 굴러들어온 것이나 다름없었습니다.

그러나 가족 간에 사이가 좋은 편이었던 트로이 왕가는 파리스

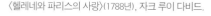
〈헬레네와 파리스의 사랑〉(1788년), 자크 루이 다비드.

왕자를 감싸주고, 헬레네도 새로운 며느리로 환대해줍니다. 물론 이런 훈훈한 가족애가 있더라도 그리스와의 전쟁은 피할 수가 없었습니다. 헬레네를 위한 맹세를 빌미로 메넬라오스와 아가멤논은 그리스 전역의 영웅들에게 헬레네를 되찾기 위한 전쟁에 참여할 것을 요구합니다. 그리고 검사겸사 트로이를 함락시켜 막대한 전리품을 얻고자 했죠.

이 전쟁에 동맹의 계책을 내놓았던 오디세우스도 참전 요청을 받습니다. 행복한 결혼생활을 포기하기 싫었던 오디세우스는 그리스 신화 최초로 병역기피를 위한 수를 냅니다. 갑자기 정신병이 생긴 것처럼(현대의학 용어로 표현하면 조현병(Schizophrenia)이 발생한 것처럼) 꾸며서 거짓 행동을 한 것입니다. 당나귀를 쟁기에 메어 밭을 갈면서 소금을 뿌리며 곡물이 자라길 바라는 이상 행동을 한 거죠. 하지만 지혜롭기로는 그리스 최고였던 영웅이 갑자기 미칠 리 없다고 생각한 사람들이 쟁기 앞에 오디세우스의 어린 아들을 앉혀 놓았고, 차마 아들을 다치게 할 수 없었던 오디세우스는 미친 사람 흉내를 포기하고 전쟁에 참여하게 됩니다.

그러나 이왕 끌려나가게 된 것, '나만 갈 순 없지!'라는 생각이 들었는지, '전쟁에 참여하여 영광을 얻으면 죽는다'라는 신탁을 받고 숨어 있던(정확히 말하면 아킬레우스를 끔찍이 아끼는 어머니 테티스 (Thetis: 바다의 요정인 네레이데스 중 하나입니다) 여신에 의해 여장을 하고 숨겨진 것입니다. 아, 이 분도 일종의 병역 기피자였네요) 아킬레우스까지 찾아내 전쟁터에 데려갑니다.

의사가 읽어주는 그리스 로마 신화

오디세우스에 발각될 때, 아킬레우스는 너무 대놓고 검 혹은 방패류를 집어 드는 것으로 묘사되곤 합니다. 마치 안젤리카 카우프만의 그림처럼 말이죠. 그림을 보면 오디세우스의 '잡았다 요놈!'이란 속마음이 여기까지 느껴집니다. 이렇게 헬레네 결혼의 연쇄 작용 끝에 아킬레우스까지 참전하여, 트로이 전쟁의 그리스 드림팀이 완성되었습니다.

아들이 결국 전쟁터로 끌려가자 아킬레우스의 어머니인 테티스는 대장장이의 신인 헤파이스토스에게 부탁하여 최고의 갑옷과 방패 등을 마련합니다. 그리고 자신과 달리 불로불사가 아닌 아들의 안위를 걱정하며 항상 조심할 것을 당부하죠.[17]

〈오디세우스에 의해 발각된 아킬레우스〉(1786~1789년), 안젤리카 카우프만

오디세우스의 물귀신 작전의 결과로 참
전한 아킬레우스는 마지막에 참가하는 사람
이 주인공이란 말에 어울리게 매우 눈부신 활
약을 하며 그리스 진영의 승리에 커다란 역
할을 합니다. 전쟁 중에 그리스 영웅들끼리의
불화도 있었고, 소중한 친구인 파트로클로스
(Patroklos)도 잃지만, 수많은 트로이 측 영웅
과 병사들을 물리치며 엄청난 전공(戰功)을
거둡니다. 하지만 영광을 얻은 이상 그에게는
예언대로 죽음이 기다리고 있었습니다. 결국,
아킬레우스는 파리스의 독화살에 발뒤꿈치를
맞아 죽음에 이릅니다.

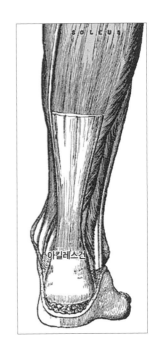

아킬레스건(Achilles tendon)은 발꿈치뼈와 종아리 근육을 연
결하며 발을 내딛는 동작에 연관된 부위로 사람이 걷거나 뛰고 달리
는 데 아주 중요한 역할을 합니다. 신체에서 가장 강력한 인대이지만,
사용량이 많아 그만큼 손상도 자주 일어나며 염증이나 파열로 정형
외과를 방문하는 환자들도 많습니다.

아킬레스건에 염증이 생기거나 파열되면 통증이 심하고 걷거나
달리는 데 큰 지장을 받습니다. 고대에는 형벌 중 하나로, 아킬레스
건을 아예 끊어버리는 월족형(刖足刑)이라는 벌도 있었는데, 이렇게
아킬레스건이 끊어지면 일상생활에 큰 장애가 생깁니다. 특히 고대
사회에서 중시하는 전사(戰士)로서의 능력은 상실되는 것과 마찬가

의사가 읽어주는 그리스 로마 신화

지였기에 매우 잔혹한 형벌이라 할 수 있습니다.

아마도 위대한 영웅 아킬레우스가 발뒤꿈치 부분에 화살을 맞고 사망했다는 설정은 신화적인 재미를 주려는 목적도 있을 것입니다. 하지만 아킬레스건이 손상되면 군대에 가거나 힘든 노동에 참여하기 힘들어 고대 그리스인들이 보기에는 사회적으로 사망한 것이나 다름없다는 것을 비유하는 이야기일지도 모르겠습니다.

04

신화에서 기원한
증상과 병명

1

거인증, 기간테스

그리스 로마 신화에는 다양한 괴물, 괴수, 그리고 신들이 나오지만, 올림포스의 신들을 가장 위기로 몰아넣었던 존재는 바로 '기간테스'입니다. 이들 기간테스가 일으켰던 전쟁이 바로 기간토마키아(Gigantomachia: 기간테스와의 싸움이란 뜻)였습니다.

거인증의 영어 단어인 자이언티즘(Gigantism)의 어원은 그리스 신화 속에서 거인을 뜻하는 기가스(Gigas), 정확히는 복수형인 기간테스(Gigantes)입니다. 현재는 기가스라는 단어보다는 'GIGA 인터넷'이나 '기가바이트'라는 용어에서 더욱 자주 쓰지만, 실제로는 신화 속의 괴물 같은 거인들을 뜻하는 말이었습니다.

참고로 테라바이트(Terabyte: 10의 12승 바이트)는 가이아의 라틴어 이름인 텔루스(Tellus)에서 기원한 영어 단어 테라(Tera)를 사용하여 만든 용어입니다. 어머니는 위대한 존재입니다.

의사가 읽어주는 그리스 로마 신화

기간테스를 묘사한 부조

　이 기가스들은 모든 신의 아버지라 할 수 있는 우라노스에게서 태어났습니다. 우라노스는 땅의 여신인 가이아와 함께 티탄 신족뿐만 아니라 헤카톤케이레스(Hecatoncheires: 백 개의 손을 가졌다는 뜻으로, 전승에 따라 머리는 50개고 팔이 100개라고도 합니다), 키클롭스(Cyclops: 외눈박이, 혹은 제3의 눈이 이마에 박혀 있는 모습으로 전해집니다) 같은 거인들을 낳았는데, 강력한 자식들을 보고 자신의 왕좌에 위협을 느낀 우라노스는 그 괴물들을 가이아의 몸속이라 할 수 있는 땅속 깊은 곳에 가둬버렸습니다.

　모성애가 남달랐던 가이아는 자식들을 가두는 남편의 모습에 화가 나 복수를 결심했고, 결국 자식 중 하나인 크로노스를 시켜 우라노스의 성기를 잘라버립니다. 이때 흘러나온 피에서 거인인 기간테스와 분노의 여신, 물푸레나무의 님프들이 태어났고, 바다로 던져진 성기에서는 거품이 일어나 미의 여신 아프로디테가 탄생했다고 합니다.

이렇게 남성성을 잃은 우라노스는 신들의 왕이라는 자리에서 내려오고 크로노스가 왕좌를 차지합니다. 그러나 크로노스 역시 형제들을 봉인에서 풀어주지 않았기에 가이아의 저주 혹은 예언대로 자기 아들에게 왕좌를 빼앗깁니다.

이때 제우스는 삼촌뻘 되는 헤카톤케이레스와 키클롭스들을 풀어주었습니다. 둘은 고마운 조카를 위해 보답을 하는데, 헤카톤케이레스는 백 개의 팔로 바위들을 던지는 위력으로, 키클롭스들은 손재주를 이용하여 뛰어난 무기들을 공급합니다. 제우스에게는 번개(이름은 아스타라페이며, 번개창의 형태였다고 합니다)를 주고, 포세이돈에게는 삼지창인 트라이아나, 하데스에게는 몸을 투명하게 만드는 투구인 퀴네에를 주었습니다. 이러한 놀라운 무구(武具)들의 능력 덕분에 티탄 신족과의 싸움에서 승리를 거두게 되죠.

그런데 또 손주들의 하극상에 화가 난 가이아(사실 이제는 왜 화를 내는지 알 수가 없습니다)는 이번에는 기간테스들을 불러 올림포스 신들과 싸우게 합니다. 이것을 '기간토마키아'라고 합니다. 물론 티탄들과 싸울 때 헤카톤케이레스에게 받은 무기들도 있었기에 기간테스와의 싸움은 승리로 끝났고, 먼 훗날 또다시 싸움을 걸어왔을 때(2

보티첼리의 명작인 〈비너스(아프로디테의 로마 이름)의 탄생〉입니다. 미의 여신과 기간테스가 비슷한 시기에 비슷한 원료를 가지고 태어난 사이라는 점이 흥미롭습니다.

차 기간토마키아)에는 신화 속 최고의 영웅이자 죽어서 신이 된 헤라클레스의 활약으로 다시 승리하게 됩니다. 이후로는 가족 싸움에 질린 것인지 가이아가 더 이상 분노했다는 이야기는 나오지 않습니다.

신화에서 기가스는 가이아 여신에 의해 태어났습니다. 하지만 이들의 이름에서 기원한 거인증은 과다 분비된 성장 호르몬에 의해 발생합니다. 뇌하수체 종양 등의 원인으로 성장호르몬이 너무 많이 분비되어 비정상적으로 신장이 커지게 되는 것이죠. 성장판이 닫히기 전에 성장호르몬이 많이 분비되면 신장이 전체적으로 자라는 거인증이 발생하고, 성장판이 닫힌 후에 호르몬 분비가 과다하면 말단 부위만 비정상적으로 자라는 말단비대증이 생깁니다. 거인증의 대표적인 예로는 성경에 나오는 골리앗이 있습니다. 역사나 전설 속에 나오는 수많은 거구의 소유자들 중 일부는 이 증상이 나타난 것 아니었을까요?

의사가 읽어주는 그리스 로마 신화

2
외눈증, 키클롭스

외눈증은 태아가 형성되는 시기에 눈이 두 개로 분리되지 못하고 하나로 합쳐진 채 태어나는 증상입니다. 이 병명의 영단어는 '사이클로피아(Cyclopia)'인데, 이 단어의 어원 역시 그리스 신화에서 찾을 수 있습니다.

그리스 신화에는 다양한 이형(異形)의 존재들이 등장하는데, 그중 하나가 외눈박이 거인들입니다. 외눈박이 거인족은 사이클롭스(Cyclopes), 그리스어로는 키클롭스 혹은 퀴클롭스라고 불렸습니다. 최초의 키클롭스들은 앞서 나왔던 티타노마키아 시기에 활약합니다. 이들은 헤카톤케이레스와 형제로, 우라노스와 가이아 사이에서 태어난 초기 신족이었습니다. 대표적인 세 명이 바로 브론테스(천둥), 스테로페스(번개), 아르게스(벼락)인데, 이들은 티탄족과의 전쟁, 그리고 기간테스들과의 전쟁에서 제우스 및 올림포스 신족들과 함께 열심

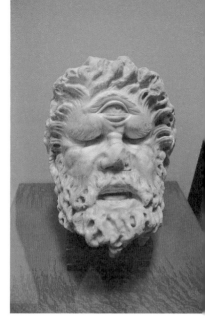

폴리페모스

히 싸워 승리하는 데 일조하였습니다 (이들은 이름과 어울리는 번개창이란 무기를 만들어내었죠). 최초의 키클롭스들은 주로 뛰어난 손재주를 지닌 것으로 알려져 있는데, 대장장이 신인 헤파이스토스보다 더 훌륭한 실력을 지닌 존재들로 여겨졌습니다. 어찌 보면 북유럽신화의 난쟁이들 그리고 『반지의 제왕』의 놀도르 엘프나 드워프, 혹은 현대의 공학도 캐릭터의 효시 같은 존재였는지도 모릅니다.

그러나 능력의 대단함과 유명세는 별개인지, 정작 그리스 신화에서 가장 유명한 키클롭스는 신들의 전쟁에서 활약한 삼형제가 아니라 이들의 조카 손자뻘이 되는 폴리페모스(Polyphemus)입니다.

폴리페모스는 『일리아스』의 후속편이라고 볼 수 있는 『오디세이아』(그리스 측 영웅인 이타카의 오디세우스가 고향으로 귀환하기까지의 10년 여정을 다룬 이야기입니다)에 나오는 주요 빌런(Villain) 중 한 명이죠. 폴리페모스는 포세이돈과 이름 모를 님프 사이에서 태어난 키클롭스였는데(사실 어째서 초기 키클롭스의 자식이 아니라 포세이돈의 아들이라는 설정이 붙었는지 그 이유는 정확히 알 수 없습니다. 현대의학으로 상상력을 발휘하자면, 숨겨져 있던 유전자가 발현한 것일 수도 있으며(포세이돈도 우라노스와 가이아의 손자이며, 근친혼을 거듭하던 가계임을 생각

의사가 읽어주는 그리스 로마 신화

〈갈라테이아와 아키스의 사랑〉(1827년), 알렉상드르 샤를 기예모

해보면 이형에 대한 유전자가 어느 순간 발현되었을지도 모릅니다), 온갖 신비한 괴물을 자손으로 많이 거느린 포세이돈의 특성(바다라고 하는 거칠고 넓은, 미지의 세계를 다스리는 존재인 만큼 온갖 특이한 존재들을 다 잉태시킬 능력이 있다고 믿었을 수도 있습니다)에 따른 것일지도 모릅니다.

어쨌든 폴리페모스는 비극적인 연애사를 겪은 이후 외톨이처럼 조용한 섬에서 혼자 양을 키우며 살고 있었습니다. 이 연애사를 조금만 풀어보면 이렇습니다.

폴리페모스는 아름다운 바다의 님프인 갈라테이아(티탄 신족이며 물과 바다의 신이기도 한 네레우스의 딸들인, 네레이드 중 한 명입니다)를 짝사랑하게 되어 그녀에게 잘 보이기 위해 나름 스타일도 바꾸고 정중한 모습을 보이는 등 노력을 했으나 그녀의 마음을 얻지 못하였습니다.

그러던 중 갈라테이아가 목축의 신인 판(Pan: 로마에서는 파우누스(Faunus)라고 불렀는데 머리에는 염소의 뿔이 돋아 있고, 하반신은 아예 염소의 모습을 한 신입니다)의 아들 아키스(Akis: 아버지와 달리 매우 아름다운 용모를 지닌 청년이었다고 합니다)에게 푹 빠져 있는 모습을 지켜보던 폴리페모스는 질투에 휩싸이게 됩니다. 자신이 아무리 구애해도 눈 하나 깜짝 안 하던 그녀가 자신과는 여러모로 다른 느낌의 미청년에게 빠져 있는 모습에 분노와 절망을 함께 느꼈던 것 아닌가 싶습니다.

그렇게 질투에 눈이 멀어 있던 폴리페모스의 눈에 사이좋게 사

의사가 읽어주는 그리스 로마 신화

<아키스와 갈라테이아>(1761년), 폼페오 바토니

랑의 밀어를 나누는 갈라테이아와 아키스가 들어옵니다. 그 모습은 폴리페모스의 질투에 불을 질렀고, 결국 폴리페모스는 바위를 집어 던져 아키스를 죽입니다. 이에 놀란 갈라테이아는 바다로 도망쳐버립니다. 질투에 의한 살인이 벌어진 것이었죠.

폴리페모스의 비뚤어진 분노는 여기서 멈추지 않았고, 이후 사람을 잡아먹으면서 아키스에 대한 그리고 자신이 이루지 못한 사랑에 대한 분노를 계속 불태웠습니다. 키클롭스에서 식인 괴물이란 존재로 변모한 것이죠. 폴리페모스의 전설만 알고 있는 사람들에게는 초기 키클롭스들의 놀라운 손재주나 티타노마키아에서의 활약상은 뭔가 괴리감이 느껴질 수도 있습니다. 그러나 한편으로 높은 지능을 지닌 존재였기에 사랑이라는 감정에 의해 망가질 수도 있었던 것 아닐까요?

다시 『오디세이아』로 돌아오면, 이렇게 식인 괴물이 되어버린 폴리페모스의 섬에 오디세우스의 일행이 머물게 됩니다. 당시 오디세우스 일행은 트로이를 떠난 지 얼마 안 된 상태였고, 귀향을 위한 기나긴 항해를 대비하여 보급품을 마련하고자 섬에 잠깐 들른 것이었습니다. 일행은 그곳이 식인 괴물의 본거지인 줄은 몰랐던 것이죠. 식량을 찾아 헤매다가 실수로 폴리페모스의 동굴에 들어갔던 오디세우스 일행은 결국 동굴로 돌아온 폴리페모스에게 사로잡힙니다. 그리고 오디세우스의 동료들은 무슨 간식처럼 잡아먹힙니다. 한 번에 두 명씩 잡아 동굴 벽에 던져 죽인 후 뇌수까지 먹었다는 이야기도 전합니다.

어쨌든 이 끔찍한 상황에서 벗어나기 위해 오디세우스는 자신의 특기인 지혜를 짜냅니다. 그는 폴리페모스에게 매우 공손한 태도로 포도주를 주며 환심을 사는데, 자신의 비위를 맞추며 맛있는 음료를 주는 오디세우스에게 호감이 생긴 폴리페모스는 이름을 물어봅니다. 오디세우스는 사람 좋게 웃으며 자신의 이름은 우티스(Outis)라 답합니다. 이 단어의 뜻은 '아무도 아니다'였습니다.

신나게 술을 받아 마시던 폴리페모스는 결국 만취하게 되었고, 완전히 정신을 잃고 깊은 잠에 빠졌습니다. 이 틈을 타 오디세우스와 살아남은 부하들은 폴리페모스의 눈에 말뚝을 박아 눈을 뽑아냈습니다(그냥 죽이게 되면 동굴의 입구를 막은 돌을 치울 수 없어서 눈만 뽑은 것이지요).

눈이 뽑히는 통증에 놀라 일어난 폴리페모스는 이미 시력을 잃어서 오디세우스와 부하들을 바로 찾아낼 수가 없었습니다. 통증에

의사가 읽어주는 그리스 로마 신화

울부짖으며 동료 키클롭스들에게 도움을 요청했으나, '누가 너를 다치게 했느냐?'라는 키클롭스들의 질문에 '우티스(아무도 아니다)가 이리 했다네!'라고 답하니, '아무도 아닌 존재가 한 것이라면 신의 힘이니 우리가 도와줄 수는 없다'라는 이야기만 듣게 됩니다. 오디세우스의 지혜가 빛을 발하는 순간이었죠.

　　아침이 밝아오자 오디세우스와 살아남은 부하들은 키클롭스의 양떼에 섞여 동굴 밖으로 나가고자 했습니다. 그러나 이를 예상한 폴리페모스는 동굴 입구를 지키고 서서 자신의 양만 지나가게 했고,

〈폴리페모스의 눈을 멀게 하는 오디세우스〉(1527~1596년),
펠레그리노 티발디

혹시라도 양떼 사이에 인간들이 섞이지 않았는지 확인하기 위해 양
들을 한 마리씩 쓰다듬어 확인한 후 내보냈습니다.

이때 오디세우스는 또다시 꾀를 내어 부하들에게 양의 배 밑으
로 매달리도록 지시하였고, 양의 배까지 만져볼 생각을 하지 못했던
폴리페모스는 오디세우스와 부하들을 모두 놓치고 맙니다.

손에 땀을 쥐게 하는 긴장의 끝에 겨우 도망친 오디세우스는 배
에 올라타서 출항하고 나자 폴리페모스를 약 올리고 싶어집니다. 어
느 정도 섬에서 멀어지자 해변을 서성이는 폴리페모스를 향해 고래

의사가 읽어주는 그리스 로마 신화

고래 소리를 질러댑니다. 당신을 장님으로 만들고 탈출한 것은 바로 이 오디세우스이며, 당신은 나의 꾀에 당한 어리석은 존재라는 식의 내용을 담아서요(현대에 태어났으면, 희대의 키보드 워리어나 어그로꾼으로 활약했겠네요).

눈이 먼 것일 뿐 귀는 멀쩡했던 폴리페모스는 그 소리를 듣고 머리끝까지 화가 나 소리가 들리는 방향을 향해 바위를 집어 던지기 시작했습니다. 조금만 더 멀리 날아왔다면 배에 부딪혀 선체를 부수고 모든 선원을 물고기 밥으로 만들 기세였으므로, 오디세우스의 부하들이 달려들어 오디세우스의 입을 막았다고 합니다.

사랑을 잃었을 때도(잃었다기보다는 가지지 못할 것을 탐낸 것이지만), 눈을 잃었을 때도 바위를 던지는 파괴적인 행동으로만 자신의 감정을 내비칠 수밖에 없었던, 조금은 안타까운 괴물 폴리페모스였습니다.

물론 입이 방정인 오디세우스는 이때의 도발로 폴리페모스의 아버지인 포세이돈의 미움을 사서, 10년간 바다를 헤매는 저주를 받게 됩니다. 사실 지금으로 보면 트로이와 이타카 사이의 거리는 해로로

〈오디세우스와 폴리페모스〉(1896년), 아르놀트 뵈클린

1,000킬로미터 정도로, 현대의 선박으로는 20시간이면 도착하는 거리입니다. 아무리 고대의 배가 느리다고 해도 10년이 걸릴 거리는 아니라는 것이죠. 이렇게 말하는 것이 온당한 것인지 잘 모르겠습니다만, 성경의 〈출애굽기〉에서 사막을 40년간 방황한 유대인들과 비슷한 정도가 아닐까 합니다. 둘 다 신이 내린 저주의 무거움과 오만함의 위험성을 동시에 강조하는 이야기라고 볼 수 있습니다.

의사가 읽어주는 그리스 로마 신화

3
반음양, 헤르마프로디토스

사람은 여성과 남성이라는 두 개의 성별이 있는 양성생식 동물입니다. 그러나 드물게 두 성별의 생식기관을 완벽하게 혹은 부분적으로 갖고 태어나는 예도 있습니다. 이러한 상태를 반음양(Hermatophroditism)이라고 부릅니다.

반음양은 나타나는 형태에 따라 가성반음양(거짓남녀한몸증)과 진성반음양(참남녀한몸증)이 있습니다. 가성반음양은 염색체는 46,XX(여성) 혹은 46,XY(남성)로 가지고 있으나, 여러 가지 다른 질환에 의해 염색체의 성별과 실제 나타나는 겉모습의 성별이 서로 다른 경우를 말합니다. 가성반음양의 경우에는 남성 가성반음양과 여성 가성반음양이 있습니다.

남성 가성반음양은 염색체는 XY이고 몸속에 정소(Testis)와 같은 남성 생식기관이 있으나 외음부는 여성의 형태를 취하는 경우고,

여성 가성반음양은 외음부는 남성 형태지만 염색체와 내부 생식기관(난소)이 여성인 경우입니다.[18]

진성반음양은 겉모습과 관계없이 내부에 여성과 남성의 생식기관인 난소와 정소를 모두 갖게 된 경우입니다. 보통 염색체는 46,XX 형태가 가장 흔하다고 알려져 있습니다. 하지만 일부에서 배아 형성 과정의 문제로 모자이시즘(mosaicism)이 발생해 XX 염색체를 가진 세포와 XY 염색체를 가진 세포가 섞이게 되고, 이에 따라 남녀 생식기관 조직이 혼재하는 사람이 태어나는 것입니다. 이 경우 염색체 형은 46,XX/46,XY의 형태를 지닙니다.[19]

이 증상의 용어 역시 그리스 신화에서 기원했습니다. 이야기의 주인공은 바로 헤르메스와 아프로디테 사이에서 태어난 아들인 헤르마프로디토스(Hermatophroditos)입니다.

헤르마프로디토스는 원래는 아름다운 남성이었으나 그를 짝사랑한 님프 살마키스(Salmacis)에 의해 운명이 송두리째 뒤바뀝니다. 살마키스는 사랑에 대한 집착이 엄청나게 강했던 모양입니다. 하지만 헤르마프로디토스는 너무나 집착이 강한 그녀를 부담스러워하며 마음을 받아주지 않았습니다. 그러던 어느 날, 자신을 쫓아오는 살마키스를 피해서 도망치다가 어떤 샘에 도착한 헤르마프로디토스는 샘에 들어가 땀을 식히기로 합니다. 그러나 어느새 헤르마프로디토스를 따라잡은 살마키스는 샘에서 목욕 중인 그를 발견하자 자신도 옷을 벗고 샘으로 들어가 그를 꼭 껴안은 채 신들에게 소원을 빕니다. 그와 하나가 되게 해달라는 소원이었죠.

의사가 읽어주는 그리스 로마 신화

〈님프 살마키스와 헤르마프로디토스〉(1829년), 프랑수아 조제프 나베즈

그리고 기이한 소원을 잘 들어주는 그리스 신들답게 이 소원은 또 덜컥 이루어져 살마키스는 헤르마프로디토스와 한 몸이 되었고, 결국 헤르마프로디토스의 몸 안에는 남성과 여성의 특징이 다 들어가게 되죠.

자신의 변해버린 모습에 놀란 헤르마프로디토스는 자신만 이런 모습이 된 것에 절망했는지 부모인 헤르메스와 아프로디테에게 부탁하여, 자신이 들어갔던 샘에 닿은 사람들도 자신과 같은 모습이 되게 해달라고 빌었습니다. (그리스 신화에서는 다른 신이 내린 권능을 완벽히 없애는 것이 불가능하다는 식의 설명이 있습니다. 헤르메스와 아프로디테로서도 아들의 몸을 원래대로 돌리는 것이 불가능했던 것 같습니다. 과연 살마키스의 소원을 들어준 신은 누구였을까요?) 물귀신 작전 같았지

헤르마프로디토스. 2세기, 로마

의사가 읽어주는 그리스 로마 신화

키프로스에서 발견된 아프로디투스 조각상(왼쪽)과 연금술에서 숭배되던 헤르마토디토스(오른쪽)

만, 자신만 그러한 특성을 갖고 살아가야 한다는 사실이 너무도 괴로운 나머지 그러한 극단적인 소원을 빈 것 아닌가 싶습니다.

헤르마프로디토스는 자기 어머니인 아프로디테의 성지 키프로스에서 어머니와 함께 숭배를 받았는데요, 그를 숭배하는 제사에서는 남자의 옷을 입힌 여자와 여자의 옷을 입힌 남자를 제물로 바쳤다고 전합니다.[20]

또한, 중세 시대에는 남성과 여성의 특징을 모두 가지고 있는 데다(연금술에서는 음양 혹은 남녀의 합일을 위대한 일로 보았습니다), 연금술에서 높은 위상을 가진 헤르메스의 아들이기에 연금술사들 사이에서 크게 숭배받았다고 합니다. 연금술에서 헤르마토디토스는 '레비스(Rebis)'라는 이름으로 신성시되었는데, 레비스라는 단어는 '이중 물질(dual matter)'을 의미합니다. 그리고 현대에는 앞서 언급했던 반음양증이라는 의학용어에 그 흔적이 남아 있습니다.

4

지속발기증, 프리아포스

예전부터 사람들, 특히 남성들은 정력(精力)에 매우 관심이 많았습니다. 남성성의 상징으로 여겨졌고, 강한 정력은 번식력과도 연결되기에 인력(人力)이 생산력이나 전투력 등과 직결되던 고대에는 더욱 중요시되었을 것입니다. 현대의학적인 관점에서 볼 때 반드시 그런 것은 아니지만, 고대인들에게 강력한 정력은 거대한 남성기와 연관된다는 믿음이 있었습니다. (풍요와 연관되는 여신들의 신상이 커다란 유방 혹은 여러 개의 유방을 가진 것과도 일맥상통하는 것이겠지요.)

이러한 고대인들의 믿음을 형상화한 존재가 바로 프리아포스(Priapus)입니다. 사랑의 여신 아프로디테와 술의 신 디오니소스 사이에서 태어난 신으로, 외모는 아름답다는 이야기도 있고 헤라 여신의 저주를 받아 매우 추하다는 설도 있습니다. 하지만 외모야 어찌됐든 프리아포스의 가장 큰 특징은 변하지 않았으니, 그것은 바로 거대한 남성기의 존재였습니다.

성기의 크기를 두고도 전승이
다르기는 하지만, 여하튼 프리아포
스는 큰 성기의 대명사인 당나귀와
악연이 있었던 것 같습니다. 크기를
놓고 당나귀와 자웅을 겨룬 프리아
포스는 패배에 화가 나 당나귀를 때
려죽이고 이후 당나귀 고기를 제물
로 받았다는 이야기가 전합니다. (인

프리아포스 프레스코화

간의 한계를 나타내는 것일지도 모릅니다. 아무리 신이라 해도 인간의 모습
을 가진 신인 이상 당나귀를 이기지는 못한다는…). 여하튼 프리아포스의
모습을 형상화한 신상을 보면, 그 특징 덕분에 단번에 알아볼 수 있
습니다.

프리아포스는 거대한 성기만큼이나 성욕도 강했는지 현대의 관
점에서 보면 성범죄라 볼 수 있는 행각을 자주 벌입니다. 대표적인
사건이 님프 로티스(Lotis)와 있었던 사건입니다. 아름다운 님프인 로
티스가 숲에 잠들어 있었는데, 그 모습을 본 프리아포스는 그녀를
겁탈하기 위해 몰래 다가가다가 주위에 있던 당나귀가 소리를 내는
바람에 들키게 됩니다(이것도 프리아포스가 당나귀를 싫어하게 된 원인
중 하나라고 합니다. 당나귀는 옳은 일을 하고도 신의 미움을 받은 안타까
운 동물이죠).

잠에서 깬 로티스의 눈에 거대한 성기를 가지고 다가오는 프리

의사가 읽어주는 그리스 로마 신화

〈프리아포스와 로티스의 이야기〉(1510년), 지오반니 바티스타 팔룸바. 그림 뒤쪽에 울부짖는 당나귀의 모습이 보입니다.

아포스가 들어왔고, 너무 놀란 로티스는 그대로 달아나기 시작합니다. 프리아포스를 피해 도망치다 지친 로티스는 신들에게 꽃으로 변하게 해달라고 부탁합니다. 그렇게 변한 꽃이 바로 연꽃(Lotus)입니다(연꽃이라고 알려져 있지만, 로터스 나무(Lotus tree)로 변한 것이라는 이야기도 있습니다. 로터스 나무는 먹었을 때 기분 좋은 잠이 들게 되거나 다른 생각을 못 하게 만드는 일종의 마약 같은 열매가 열리는 나무입니다).

그러나 프리아포스가 만든 불행의 사슬은 여기서 끝나지 않았고, 드뤼오페(Dryope)라는 여인의 불행으로까지 이어집니다. 드뤼오페는 그리스 오에타(Oeta)의 왕인 드뤼포스의 딸이었는데, 이 불행에 맞닥뜨리기 전까지는 안드라에몬(Andraemon)의 아내로서 아이들을 낳고 행복하게 살고 있었습니다.

그러던 어느 날 아이들에게 주기 위해 꽃을 꺾었는데, 하필이면 그 꽃이 님프 로티스가 변한 꽃이었습니다. 가지를 꺾은 순간 흘러나온 핏물에 놀란 드뤼오페는 자신이 함부로 상하게 해서는 안 되는 요정의 변신물을 건드렸음을 알고 당황했으나 저주는 이미 시작된 다음이었습니다. (앞서 나온 에리식톤 이야기에서 보았던 것처럼 님프가 변신한 식물을 건드리는 것은 커다란 금기 중 하나입니다.) 드뤼오페의 몸도 나무로 변하기 시작한 것입니다.

서서히 나무로 변하면서 전신이 굳어가던 드뤼오페는 가족들에게 당부의 말을 남겼습니다. 특히 자기 아들이 님프가 변신한 식물을 건드리지 말게 할 것을 거듭 부탁했습니다. 그렇게 결국 그녀는 미루나무(Poplar)로 변했다고 합니다.

프리아포스의 탄생 배경을 다시 살펴보면 그의 성향과 행보가 설명되는 것 같습니다. 프리아포스의 어머니인 사랑의 여신 아프로디테는 여성의 정력과 애욕을 상징하는 신으로 심한 남성 편력이 있었습니다. 또한, 아버지 디오니소스는 술의 신이었으며, 그를 따르는

의사가 읽어주는 그리스 로마 신화

〈로투스 나무로 변한 드뤼오페〉(1606년), 안토니오 템페스타

신자들의 야성적 제의, 비이성, 광기 등으로 인상 깊습니다. 프리아포스의 과도한 성욕과 자제력 부족은 이런 배경과 무관하지 않은 듯합니다. 그러나 아이러니하게도 과도한 음주는 발기 부전의 원인이 되기도 하니 정력에 관심이 많다면 음주를 조심하는 것이 좋겠습니다.

물론 발기 부전과 반대로 발기가 지속되는 것도 큰 문제입니다. 이러한 상태를 현대의학에서는 지속발기증이라고 하며 영어 단어로는 '프리아피즘(Priapism)'이라고 합니다. 바로 프리아포스의 이름에서 따온 것입니다. 지속발기증은 남성기인 음경으로 혈액이 몰리는 상태가 지속되는 것으로, 그 상태가 해소되지 않으면, 결국 성기 조직 내에 저산소증이 발생해 괴사할 수도 있는 무서운 증상입니다. 그 과정에서 발생하는 통증도 엄청나므로 이와 같은 증상이 발생한 남성은 병원 응급실로 가야 합니다.

프리아피즘은 COVID-19 환자에서도 보고된 바 있습니다. 코로나 바이러스 감염으로 치료하는 도중 바이러스에 의해 혈전이 생기고 음경 내 혈관이 막혀 지속발기증이 나타난 것입니다.[21] 폐렴과 같은 호흡기 증상을 주로 일으키는 것으로 알려진 COVID-19로 인한 여러 가지 증상 중 하나라고 할 수 있습니다.

의사가 읽어주는 그리스 로마 신화

5
메두사의 머리, 메두사

그리스 신화에서 가장 유명한 괴물 중 하나를 꼽으라면 메두사를 꼽을 수 있을 것입니다. 원래 고르고 세 자매라는 괴물들 중 하나였다는 이야기도 있습니다만, 로마의 시인 오비디우스의 『변신이야기』에 따르면 메두사는 머리카락이 아주 아름다운 미녀였는데 바다의 신 포세이돈과 아테나 신전에서 사랑을 나누다가(혹은 겁탈을 당했다고도 합니다) 자기 신전에서 부정한 짓을 한 것에 화가 난 아테나 여신(비혼(非婚) 신인 아테나는 이런 상황에 커다란 모욕을 느꼈습니다)의 저주를 받아 머리카락은 흉측한 뱀으로 변하고 눈을 마주치는 사람을 모두 돌로 만들어버리는 힘을 가진 괴물이 되었다고 합니다.

괴물로 변한 이후에는 아무도 자신을 찾지 못하도록 외진 곳에서 숨어 지냈으나 그리스 신화의 영웅 중 한 명인 페르세우스에 의해 목이 잘려 죽습니다. 그리고 목이 잘리면서 나온 메두사의 피가

메두사의 머리

바닷물에 떨어지자 거품이 일었고 그 거품 속에서 하늘을 나는 말 페가수스가 태어났다고 합니다. 페르세우스는 이후 메두사의 머리와 페가수스의 힘을 빌려 바다 괴물을 물리치고 에티오피아의 공주 안드로메다를 구출하여 그녀와 결혼하게 됩니다. 잠깐 샛길로 빠지자면, 여기서 나오는 안드로메다는 우리가 일상적으로 '대화가 안드로메다로 간다'라는 농담을 할 때 말하는 바로 그 안드로메다로, 지금은 별자리와 은하에 이름이 붙어 있습니다.

사실 안드로메다 공주는 아름답고 착한 전형적인 동화 속 여주인공 같은 여성이었습니다. 하지만 거만한 성격의 어머니 카시오페이아(Cassiopeia) 왕비가 그리스 신화 속 최대의 금기인 '여신들(정확히

의사가 읽어주는 그리스 로마 신화

메두사의 머리를 잘라 들고 있는 페르세우스

말하면 바다의 옛 신 네레우스의 딸들인 네레이데스)의 미모보다 내 딸이 낫다!'는 망언을 내뱉는 바람에 바다 괴물이 쳐들어오고 딸을 제물로 바쳐야 하는 처지가 되고 말았습니다. 그러나 다행히 하늘에서 백마를 타고 내려온 왕자 사윗감(페가수스는 보통 백마로 그려지며, 페르세우스는 아르고스라는 왕국의 왕족이었습니다) 덕분에 딸과 나라를 모두 구하게 되죠. 물론 오만의 대가로 그녀는 의자에 묶인 채 거꾸로 매달린 자세로 하늘의 별자리가 됩니다.

페르세우스는 모든 모험을 마친 후(드물게 해피엔딩을 맞이한 영웅입니다), 자신을 도와준 아테나 여신에게 감사하는 의미로 메두사의 머리를 바쳤으며, 여신은 그 머리를 자신의 방패인 아이기스(Aegis) 앞에 붙여 장식으로 삼았다고 합니다. 아마 메두사의 힘이 그대로 남아 있다면 최강의 방패가 되었을 테죠. 현대 군사용어 중에서 방공중심 전투체계로 이지스 시스템(Aegis Combat System, ACS)이 있습니다. 바로 아이기스 방패의 이름을 따온 것이지요.

다시 돌아와서 이 사연 많은 메두사의 머리는 뱀들이 꿈틀대는 형상의 머리카락이 가장 큰 특징인데, 메두사의 머리라는 단어를 라틴어인 '카풋 메두사(Caput medusae)'로 검색해보면 진짜 메두사의 머리를 그린 예술 작품뿐만 아니라 사람의 복부(腹部) 피부에 혈관이 도드라져 있는 사진이 나옵니다. 이것은 간의 기능이 망가졌을 때, 문맥 고혈압(Portal hypertension)이 발생하고 이로 인해 얕은배벽정맥(superficial epigastric veins)이 뱀처럼 도드라져 보이게 되는 증상입니다. 그 모습이 흡사 전설 속의 메두사 머리와 흡사해 보여

의사가 읽어주는 그리스 로마 신화

〈아테나〉(1739년), 파울 트로거. 아테나 여신이 아이기스 방패를 들고 있습니다.

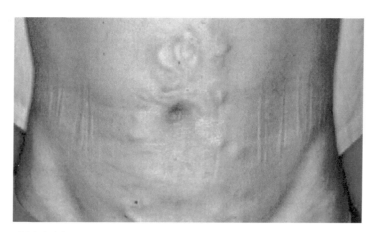

메두사의 머리(간경변증)

이러한 이름이 붙은 것입니다. 첨언하자면, 간 기능이 떨어질 때는 보통 간이 돌처럼 딱딱해지는 간경화(肝硬化) 혹은 간경변증(肝硬變症, Liver cirrhosis) 증상이 나타나는데, 메두사의 능력이 자신과 눈을 마주친 모든 생물을 돌로 만드는 것이란 점을 떠올려 보면 여러모로 잘 붙여진 증상 이름인 듯합니다.

6
황색증, 스카만드로스

의학에서 사용하는 단어들을 살펴보면, 색깔에 관한 것도 익숙하지 않은 표현들을 쓰곤 합니다. 붉은 것에 'Rubral(적색의)'과 같은 단어를 쓰거나 검은 것에 'nigral(흑색의)'이라는 표현을 사용하는 것처럼요. 이런 단어들은 영어의 기원이랄 수 있는 라틴어에서 쓰던 표현입니다. 여기서 살펴볼 황색이란 단어 역시 라틴어가 기원인데요, 이 단어와 관련된 재밌는 신화가 있습니다.

의학에서는 인체의 여러 부위가 황색(黃色)으로 변하는 현상에 '젠토(Xantho)'라는 접두사를 사용합니다. 황색증(xanthosis), 황색변색증(Xanthochromism), 황색시(xanthopsia) 등과 같은 다양한 병명에 접두사 젠토가 들어 있죠.

이 단어의 어원은 트로이 일리오스 성(트로이 전쟁 이야기의 제목이 일리아스인 이유가 바로, 이 성의 이름을 따서 지었기 때문입니다)의 근

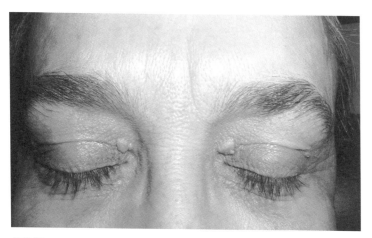

황색판종(Xanthelasma palpebrarum). 눈꺼풀 주위 피부 밑에 노랗게 침전되는 형태의 황색종 중 하나입니다.

처에 있다고 알려진 스카만드로스(Skamandros)강으로, 이 강은 스칸토스(Xanthos)강으로도 불렸습니다. 이 강물에서 동물의 털을 씻으면 황금빛으로 빛난다는 전설이 있는데, 이런 전설 때문에 이 강의 이름을 딴 접두사가 황금빛을 의미하게 된 것으로 보입니다.

손에 닿는 것을 모두 금으로 변하게 만들었다는 프리기아의 왕 미다스(Midas)의 이야기도 생각나는 강입니다. 미다스 왕은 손에 닿은 것을 모두 금으로 변하게 하는 능력 때문에 사랑하는 딸까지 금덩어리가 되어버리자 자신의 능력에 절망하여 팍톨로스(Pactolus)강에 몸을 씻어 그 능력을 없애버립니다. 이후 그 강에는 사금(砂金)이 많이 나온다는 전설이 전합니다.

다시 스카만드로스강 이야기로 돌아오겠습니다. 어쨌든 이 강의 신인 스카만드로스는 트로이 전쟁 때 그리스 영웅 아킬레우스와 다

의사가 읽어주는 그리스 로마 신화

MIDAS' DAUGHTER TURNED TO GOLD

미다스 왕이 자신의 딸마저 금으로 변하자 절망하는 모습

〈스카만드로스강에서 싸우고 있는 아킬레우스〉(18세기), 요한 발타사르 프로브스트

의사가 읽어주는 그리스 로마 신화

투는 장면에서 잠시 등장합니다. 트로이의 왕자인 리카온(Lycaon)과
의 전투에서 승리한 아킬레우스는 왕자와 병사들을 모두 죽인 후 시
체와 흐르는 핏물들을 스카만드로스강에 처넣어버립니다. 강이 피
로 물들자 강의 신인 스카만드로스는 매우 분노합니다. 비유하자면
강의 신이 사는 집이자 신전 같은 곳인 강에 한낱 인간이 피 칠갑을
해놓은 셈이니 화가 나지 않을 수가 없는 상황이죠.

물론 테티스 여신의 아들이자 거만하기 그지없었던 아킬레우스
는 강의 신의 분노를 무시합니다. 아무리 하급신이라 하더라도 인간
이 신에게 불경을 저지르는 것은 금기인데, 신을 화나게 하고도 사과
하지 않는 아킬레우스의 모습에 스카만드로스는 분노를 참지 못하
였고, 강의 물을 엄청나게 불어나게 해서 아킬레우스를 익사 직전까
지 몰아갑니다.

이대로 아킬레우스가 익사하는 엔딩을 맞이했다면, 트로이 전쟁
은 트로이 측의 승리로 마무리되었을지도 모를 일입니다. 하지만 트
로이가 승리하도록 그냥 지켜볼 신들이 아니었습니다. 아킬레우스가
죽을 위기에 처했을 때, 그리스 편을 들고 있던 헤라 여신이 자기 아
들인 헤파이스토스를 시켜 아킬레우스를 구합니다(포세이돈과 아테
나가 도와줬다는 이야기도 있습니다). 헤파이스토스는 대장장이의 신답
게 펄펄 끓는 쇳물을 강에 부어 강을 끓게 했는데(혹은 대장간에서 쓰
는 불을 일으켰다고도 합니다), 이에 놀란 스카만드로스가 강물을 멈추
고 아킬레우스를 살려주었다고 합니다.

이후 무사히 살아난 아킬레우스의 활약(헥토르를 죽이는 등)에 의

해 트로이는 멸망으로 치닫게 됩니다. 어찌 보면, 트로이 지역에 살고 있는 신이 그리스의 인간 영웅에게 지는 상황 자체가 트로이 파멸의 전조였던 것인지도 모릅니다.

7

암, 카르키노스

암은 현대의학으로도 아직 완벽하게 정복하지 못한 위험한 질병 중 하나입니다. 사람이 암에 걸리게 되면, 비정상적인 세포(암세포)가 증식해 퍼져 나가고 정상 세포 및 기관들을 침범합니다. 이렇게 암세포가 세포와 기관들을 침범하면 장기의 기능이 망가져 치료하지 않으면 죽음에 이릅니다. 암 발생 원인에 대한 연구, 치료법에 대한 연구는 전 세계적으로 계속 진행되고 있으나 아직도 모르는 부분이 많아 암은 현대의학의 격전지 같은 곳이라 할 수 있습니다.

암을 뜻하는 영어 단어는 '캔서(Cancer)'인데, 별자리에 대해 들어본 적이 있는 분들은 이 영어 단어가 여름의 대표적인 별자리인 '게자리'(6월 22일~7월 22일)와 철자가 같다는 것을 떠올리실 수 있을 겁니다. 이 게자리의 전설은 앞서 나온 그리스의 대영웅 헤라클레스가 히드라와 싸울 때, 히드라를 돕기 위해 헤라 여신이 보낸(남편의

헤라클레스와 히드라의 싸움에 나타난 카르키노스(붉은 원 안). 야심차게 등장하였으나 결국 헤라클레스에게 밟혀죽습니다(R.I.P.).

불륜 상대와 그 자손들에 대해서는 용서가 없는 헤라 여신다운 행동입니다) 거대한 게 형상의 괴물에 대한 것입니다.

카르키노스(Karkinos)라는 이 거대한 게 괴물은 등장에 비해서는 그 최후가 매우 허무합니다. 히드라와 싸우는 헤라클레스의 발목을 공격하려다가 발뒤꿈치만 살짝 꼬집게 되고, 결국 화가 난 헤라클레스에게 밟혀서 죽는 것이지요. 나름 대단한 명령을 받고 등장한 것 치고는 어이없을 정도로 허망한 최후라 히드라와 헤라클레스가 싸우는 이야기에서 잘 언급되지 않는 경우도 있습니다(아마 지금 이 글을 읽고 '게가 히드라 이야기에서 나왔어?'라고 의문을 품는 독자들도 있을 겁니다). 비록 별다른 활약 없이 사망했지만, 나름 부하들의 복리 후생에 힘쓰시는 헤라 여신답게, 죽은 카르키노스를 밤하늘의 별자리로 만들어 줍니다(그리스 신화에서 별자리가 된다는 것은 큰 영광이라 할 수 있습니다). 그렇게 카르키노스는 헤라클레스와 싸우다가 집게발

의사가 읽어주는 그리스 로마 신화

한쪽을 잃었기에 9개의 다리를 가진 게의 모습과 비슷한 형태로 별
자리가 되었다고 합니다.

그렇다면 왜 '게'를 의미하는 단어가 암에도 붙게 된 것일까요?
기원전 400년경에 살던 히포크라테스가 암에 걸린 장기를 보고,
혈관이 발달해(암 혹은 종양(tumor)에 혈관이 생성되는 것을 혈관신생
(angiogenesis)이라고 합니다) 울퉁불퉁해진 모습이 게의 등딱지와
닮았다고 생각해 그리스 신화 속에 나오는 게 괴물인 카르키노스의
이름을 붙였기 때문입니다. 이후 후세에 '캔서(cancer)'라는 단어로
그 흔적이 계속 남아 있게 된 것입니다. 헤라클레스에게는 유효한 공
격 한 번 제대로 날리지 못했으나, 인간들에게는 아직도 정복하지 못

게자리. 이 그림만 봐서는 게의 모습이 잘 떠오르지는 않지만, 대충 발을 하나 잃은 게의 형상을
상상해보시면 될 것 같습니다.

한 무서운 질병으로 수천 년 동안 자신의 이름이 이어지고 있다는 것을 알게 된다면, 하늘에서 빛나고 있는 카르키노스는 어떠한 기분이 들지 조금은 궁금해집니다.

의사가 읽어주는 그리스 로마 신화

8

노화와 젊음, 게라스와 헤베

앞서 나온 암처럼 노화 역시 아직까지 인류가 정복하지 못한 것 중 하나입니다. 암이 인간을 공격적으로 무너뜨리는 질병이라면, 노화는 인간을 조금씩 퇴화하게 만들어 결국 죽음에 이르게 하는 수렁 같은 존재입니다.

예전부터 인간은 젊고 건강한 모습으로 영원히 사는 것을 꿈꾸었습니다. 이런 바람에 합치하는 존재가 바로 신화 속의 신들일 것입니다. 그리스 신화에 등장하는 대부분의 신들은 거의 대부분 아름다운 외모와 완벽한 건강함을 지닌 것으로 표현됩니다.

여러 차례 등장했던 미의 여신 아프로디테나 태양의 신 아폴론은 세상에 비할 데 없는 최고의 미남미녀 모습이며, 제우스도 수많은 염문을 뿌리고 다닌 것을 볼 때 매력이 출중했던 것으로 보입니다. 전쟁의 신 아레스나 전령의 신인 헤르메스도 미남자로 알려져 있고, 신들의 여왕인 헤라, 전쟁의 여신 아테나 역시 아프로디테와 황금사과를 놓고 다툴 만큼(트로이 전쟁이라는 나비효과로 이어진 바로 그 다툼입니다) 외모가 출중했고요.

그러나 외모의 아름다움을 추구하는 그리스 신화 속 신들 중에서도 늙은 모습을 가진 존재가 있습니다. 바로 노화의 신인 게라스입니다. 게라스는 밤의 여신인 닉스(Nyx)와 어둠의 신 에레보스(Erebus)의 아들이며, 부모가 모두 태초의 혼돈(chaos)에서 생성된 신(제우스의 조부모인 우라노스와 가이아도 혼돈에서 태어난 신들입니다)인 것을 생각해보면, 올림포스의 신들보다 훨씬 격이 높은 신이라고 볼 수 있습니다.

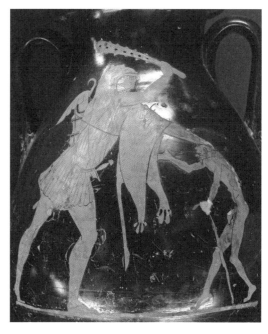

게라스의 모습. 등이 굽고 마른 노인이 지팡이를 가지고 있는 형태로 그려집니다.

　　　　　　　　　의사가 읽어주는 그리스 로마 신화

노화의 신 게라스가 태초의 혼돈으로부터 태어났다는 것은 노화가 누구도 피할 수 없는 숙명에 가깝다는 점을 보여주는 것입니다.

사실 그리스 신화를 자세히 살펴보면, 올림포스의 신들도 젊음과 불멸성을 타고난 것만은 아닙니다. 왜냐하면 이들 신이 청춘과 불멸을 유지하는 비법도 신화 속에서 묘사되어 있기 때문이죠. 그 비법은 바로 넥타르(Nectar)라는 음료와 암브로시아(ambrosia)라는 음식을 신들의 연회 때마다 마시는 것입니다.

넥타르는 '죽음(Nec)'이라는 단어와 '싸운다(tar)'라는 단어가 합쳐진 말로, 이 음료를 마시면 회춘을 시켜준다고 하며(회춘과 불사를 주는 능력이 같이 있다고도 합니다), 암브로시아는 이름의 의미 자체가 불사(不死)라는 뜻으로, 불사의 능력을 줄 수 있는 신비의 음식입니다. 물론 이것을 먹지 않는다고 신들이 늙어 죽는다는 내용이 나와 있는 것은 아니지만, 어쨌든 신들의 불로불사에 일조하는 것으로 보이며, 인간이 먹어도 회춘과 불사의 권능을 얻을 수 있다고 합니다 (뒤에 나올 프시케가 이 음식들의 덕을 보게 되죠). 넥타르와 암브로시아는 인간을 신의 반열에 올려주는 신비의 음식들이 틀림없습니다.

어쨌든 이러한 귀중한 음식이 함부로 유출되면 안 되기에 이를 관리하는 신이 따로 있었습니다. 그 신은 바로 제우스와 헤라의 딸인 청춘의 여신 헤베(Hebe)입니다. 그녀는 오랫동안 이 귀중품 관리직을 맡고 있다가 나중에 신이 된 헤라클레스와 결혼하면서 일을 그만둡니다. 그리고 그 역할은 트로이의 왕자였다가 미모로 인해 제우스에게 납치되었던 가니메데(Ganymede)에게 넘어가게 됩니다.

헤베 여신상(왼쪽). 그녀가 들고 있는 황금 주전자에 넥타르가 담겨 있으며, 신들의 연회 때 나눠
줍니다. 〈독수리로 변신한 제우스에게 납치된 가니메데〉(1782년), 베니네 가네로(오른쪽)

가니메데는 제우스의 난봉 행각의 피해자치고는 꽤나 성공한 케
이스입니다. 천상계의 고급 공무원이 된 셈이니까요. 헤베는 로마에
서는 유벤타스(Juventas)라는 신과 동일시되었는데, 청소년기를 의
미하는 영어 단어 '주버나일(Juvenile)'의 기원이 바로 유벤타스입
니다. 의학에서는 청소년기에 발병하는 질환 앞에 'juvenile'이라
는 단어를 붙입니다. (예를 들어 청소년기에 발병하는 류마티스 관절염은
juvenile rheumatoid arthritis라고 합니다.)

다시 게라스의 이야기로 돌아오겠습니다. 게라스는 그리스 신화
에서 거의 언급이 없는 신입니다. 등이 굽어 있고 지팡이를 지닌 노

의사가 읽어주는 그리스 로마 신화

령의 남성이라는 표현 정도만 남아 있죠. 하지만 이 신의 이름에서 노인이라는 의미를 담은 '제리아트릭(Geriatric)'이란 단어가 나왔습니다. 오늘날에도 이 단어는 고령에 발생하는 질환들 앞에 붙여집니다. (예를 들어 노인의학은 Geriatric medicine이라고 합니다.) 게라스가 로마로 건너와서는 세네크투스(Senectus)라는 신이 되는데, 여기서 파생된 단어인 '시나일(senile)' 역시 노인성 질환들 앞에 붙어 많이 활용됩니다.

비록 고대 그리스에서는 '개념'으로만 만들어지고 별로 숭배받지 못했던 게라스였지만, 평균 수명이 늘어나고 노인 인구 비율이 증가하는 현대에 들어와서는 그 이름이 자주 불리고 있으니, 게라스가 왠지 지금쯤은 약간 뿌듯한 표정으로 '드디어 본인의 시대가 왔다'고 중얼거리며 수염을 매만지고 있지 않을까 싶습니다.

9

죽음, 타나토스

죽음이란 모든 살아있는 것의 종말이며 종착지입니다. 세계보건기구(WHO)에서는 '소생할 수 없는 삶의 영원한 종말'이라는 표현으로 죽음을 정의하고 있는데요, 현대의학에서는 심정지와 뇌사를 생물학적인 죽음으로 인정하고 있습니다. 물론 이 중에서 뇌사는 모든 나라에서 인정되지는 않습니다. 우리나라에서는 장기이식과 관련될 경우 일부 환자들에게 뇌사 판정이 내려집니다. 그 이후 장기 공여자로서 다른 환자들에게 장기를 이식하게 되는 것이지요. 뇌사는 아직도 의학, 윤리, 법률 등의 분야에서 논쟁이 계속되고 있습니다. 이런 이유로 가장 고전적인 관점에서의 죽음은 '돌이킬 수 없는 심정지' 상태를 의미합니다.

고대인들도 호흡이 없고 심장이 뛰지 않는 상태를 죽음으로 생각했습니다. 아울러 생명이라면 절대로 피할 수 없는 죽음은 그리스

의사가 읽어주는 그리스 로마 신화

신화에도 아주 원초의 시기부터 신으로 존재하고 있었습니다. 앞에서 언급했던 게라스처럼 닉스와 에레보스 사이에서 태어난 아이들 중 하나가 바로 죽음의 신 타나토스(Thanatos)입니다. 타나토스는 죽음이라는 개념을 형상화한 신답게 그리스 신화에서 별다른 활약은 없습니다만, 잠의 신인 히프노스(Hypnos)와 쌍둥이로 여겨졌다는 점에서 특이합니다. 잠과 죽음의 신이 쌍둥이로 묶인 까닭은 고대 그리스시대에는 죽음을 영원한 잠이라고 생각했기 때문인 것 같습니다.

존 워터하우스의 그림 〈잠과 그의 형제, 죽음〉을 보면 좀 더 밝은 쪽에 있는 소년이 히프노스이며, 어두운 쪽에 있는 소년이 타나토스입니다. 명암만으로 잠과 죽음의 경계를 구분지어 놓은 것이죠. 들여다보면 볼수록 잠은 갑자기 깨어나 하품을 할 것만 같은 활기가 느껴지고, 죽음은 그 상태로 침잠하는 듯한 무거움이 느껴집니다. 비슷한 체격인 히프노스의 등을 자기 팔로 받치고 있어도 불편한 기색이 없는 모습이 더욱 죽음의 불변성을 대변해주는 것 같습니다.

의학적으로 보면 깊은 수면 단계에 들어가면 체온이 떨어지고, 호흡수와 심박수가 감소합니다. 이러한 모습이 죽은 사람과 자못 비슷해 보여, 두 신을 쌍둥이라고 생각한 것 아닐까 합니다.

죽음의 신 타나토스에서 유래한 단어로는 사망학을 뜻하는 '타나톨로지(Thanatology)'가 있습니다. 개인의 죽음과 그 사생관에 대한 학문입니다. 의학용어에서는 자살광(自殺狂)을 '타나토마니아(thanatomania)'라고 부릅니다.

〈잠과 그의 형제, 죽음〉(1874년), 존 윌리엄 워터하우스

그리스 신화는 죽음을 맞이한 사람들이 명계(冥界) 혹은 저승에 이르는 과정을 상당히 자세하게 묘사합니다. 고대 그리스 사람들은 기본적으로 명계에 있는 다섯 개의 강을 건너야 하데스가 다스리는 저승의 왕국에 도달할 수 있다고 생각했습니다. 아마 고대 그리스 시대 기준의 먼 여행이란 '배를 타고 떠나는 것'이어서 그럴 수도 있겠습니다.

첫 번째로 건너야 하는 강은 비탄의 강 아케론(Acheron)으로 이 강을 건너려면 뱃사공인 카론(Charon)에게 뱃삯을 주고 배를 타

　　　　　　　　　　　의사가 읽어주는 그리스 로마 신화

저승의 뱃사공 카론

야 합니다.

여기서 조금 덧붙이자면, 카론 역시 닉스와 에레보스의 자식 중 하나로, 게라스, 타나토스, 히프노스와 형제입니다. 저승의 뱃사공이라는 극한직업의 소유자 정도로 착각하기 쉽지만 상당히 신격이 높은 존재로 카론이 하는 일은 매우 중요하며 엄격한 기준에 의해 집행됩니다. 카론은 반드시 죽은 자, 그리고 자기에게 뱃삯을 지불할 수 있도록 정당한 장례가 치러진 자를 태워주는데(고대 그리스에서는 장례를 치를 때 망자의 입 안에 동전을 넣어주었는데, 이것이 바로 카론에게 지불할 뱃삯이며 이러한 장례를 치르지 못하면 영원토록 저승의 강가에서 헤맨다고 믿었습니다. 따라서 망자의 가족들은 무슨 수를 쓰더라도 시체를 챙겨 장례를 치러주는 것을 중요시했습니다), 아주 드물게 오르페우스, 헤라클레스, 프시케(쓰다 보니 은근 많군요) 정도만이 살아 있는 상태에서 카론의 배를 탔습니다. 살아있는 사람이 타면 그 무게로 인해 배가 약간 가라앉는다고 하는데, 아마 영혼이 육체와 비교해서 매우 가볍다고 생각했기 때문인 것 같습니다.

뒤에 나올 프시케 이야기에서도 저승에 다녀오기 위해 이 카론

〈카론과 프시케〉(1883년), 존 로댐 스펜서

을 설득하여 배를 타는 과정이 언급되는데, 살아있는 채로 배를 타야 했기에 죽어서 배를 타는 이들보다 많은 뱃삯을 지불해야 했습니다. 정상적으로 장례를 치른 자들이면 1오보로스의 동전을 내면 되는데, 프시케는 그 두 배인 2오보로스와 빵 두 개까지 주고 나서야 겨우 올라탈 수 있었습니다.[22]

저승의 뱃사공인 카론의 배에 무사히 탑승하고 나면 망자는 아케론 강을 지나 명계의 좀 더 깊은 곳으로 향합니다.

아케론을 건넌 이후에는 코퀴토스(Cocytos)라는 강을 또 건너야 하는데, 이 강의 이름은 '탄식'이라는 뜻입니다. 생전에 온갖 후회스러운 일들이 떠올라 비통에 잠겨 탄식하게 된다고 하는 강입니다.

의사가 읽어주는 그리스 로마 신화

아마 죽은 지 얼마 되지 않은 사람들이 가질 삶에 대한 미련을 표현한 것 같습니다.

단테의 『신곡』을 보면 코퀴토스 강은 강이 아니라 얼음 호수로 나오고, 생전에 남을 배신한 사람들이 갇혀서 고통 받고 있다고 합니다. 자신의 과거를 돌아보는 것을 '얼음'에 비춰보는 것으로 비유한 것 아닐까 합니다. 어쩌면 후회의 감정은 차가운 얼음처럼 뼛속 깊이 파고든다는 뜻일지도 모르겠네요.

다음으로는 플레게톤(Phlegethon)인데, 이 강엔 물이 아니라 불이 흐르고 있습니다. 이 불이 이곳을 지나는 영혼들을 정화해준다고 합니다. 바로 전에 떠올린 미련들을 털어버릴 기회를 주는 것 아닐까

단테의 신곡 속 코퀴토스 삽화. 귀스타프 도레 작품.

요? 이 강을 지날 때 다 태워버릴 수 없을 만큼 많은 죄를 지은 영혼들은 그리스 로마 신화에 나오는 지옥인 타르타로스로 갈 가능성이 높습니다.

영혼을 정화한 이후 네 번째로 지나는 강은 레테(Lethe)인데, 이 강의 이름은 닉스와 에레보스의 손녀뻘 되는 망각의 여신 레테의 이름과 같습니다. 이름에 걸맞게 이 강을 건넌 영혼들은 생전의 기억을 잊고 저승에 갈 준비를 거의 끝마치게 됩니다. 레테 강의 근처에는 기억의 샘물인 므네모시네(기억의 여신 이름과 같습니다)가 있는데, 이 샘물을 마신 자는 전생의 기억을 떠올릴 수 있다고 합니다.

이 강에 대한 흥미로운 이야기 중 하나는 강의 발원지가 바로 잠의 신 히프노스의 집(동굴)이라는 것입니다. 잠든 사이에는 그동안 꾼 꿈도 잘 기억하지 못하고, 잠을 통해 낮에 있었던 일을 잊기도 하는 것을 보면 망각과 잠을 연결한 신화의 내용이 놀랍게 느껴집니다.

마지막으로 스틱스강을 건너면 드디어 하데스가 다스리는 저승에 도착합니다. 이 강은 그리스 신화에 조금이라도 관심 있는 분이라면 한 번쯤 들어봤을 것입니다. 스틱스라는 이름은 원래 티탄 신족인 바다의 신 오케아노스의 딸들 중 하나인 스틱스(제우스의 사촌쯤 된다고 볼 수 있으며, 티타노마키아 때 매우 지혜롭게 줄을 잘 선 케이스입니다)의 이름을 따른 것입니다. 그리스 신화에 나오는 맹세 중에 스틱스강의 이름을 걸고 한 맹세는 신들조차 어길 수 없다고 합니다. 스틱스강을 걸고 했던 수많은 맹세들이 비극으로 이어진 것을 보면, 매우 조심해야 하는 이름이죠. 또한 이 강에 몸을 담그게 되면 몸이 강

〈스틱스강에 아킬레우스를 담그는 테티스〉(1630~1635년), 페테르 파울 루벤스

철과 같이 단단해져 어떠한 무기로도 상처를 입힐 수 없다고 합니다. 이 강의 세례를 받았던 대표적인 영웅이 아킬레우스입니다.

이 위대한 스틱스강까지 건너면 하데스의 땅에 도착하며, 여기서 재판을 받은 영혼들은 그 결과에 따라 선한 영혼은 영원의 낙원인 엘리시온(Elysion) 들판으로 가서 충만한 행복 속에서 생전의 모습으로 편안하게 지내고, 죄 많은 영혼들은 저승 최하층에 있는 지옥인 타르타로스에 떨어집니다. 우리가 보통 상상하는 '지옥'의 이미지는 그냥 저승이 아니라 타르타로스라고 생각하시면 됩니다. 타르타로스의 '네임드' 수감자들로는 티타노마키아 및 기간토마키아에서 패한 신들과 거인들이 있는데, 그리스 신화에서 경악할 만한 범죄를 저지르거나 신을 모독한 자들에게 맞춤형 형벌이 내려지는 장소입니다.

이들 죄수 중 하나인 시시포스는 아틀라스 이야기에서 그의 사위로서 잠깐 언급했는데요, 사실 그는 잠깐이나마 죽음을 정복했던, 대단한 인간이었습니다. 시시포스는 생전에 제우스가 강의 신의 딸을 납치해가는 것을 보고(이때 납치된 여인이 뮈르미돈 이야기에서 전염병으로 멸망한 왕국의 이름과 같은 '아이기나'였습니다), 딸을 찾던 강의 신에게 고자질한 적이 있었는데 그 사실을 안 제우스가 분노하여 타나토스에게 시시포스를 저승으로 끌고 가도록 시킵니다. (현대의 관점으로 보면 공익제보자가 보호를 받지 못하는 상황이지요.) 그러나 시시포스는 자기를 잡으러 온 타나토스를 사로잡아 지하실에 감금하였고, 그로 인해 세상에 죽음이 없어지게 되었다고 합니다.

〈타르타로스에서 형벌을 받는 시시포스〉(1548~1549년), 티치아노 베첼리오

이 황당한 상황에 놀란 하데스의 항의를 받아들여, 제우스는 다시금 아레스를 보내 타나토스를 구출하였고 시시포스는 저승으로 잡혀갑니다. 이때 시시포스는 또 한 번 꾀를 내어 아내에게 절대 자신의 장례를 치르지 말라고 당부합니다. 저승에 도달한 시시포스는 하데스 앞에서 눈물을 흘리며 자신의 아내가 시신을 버려놓고 장례

를 치러주지 않으니 너무 원통하다고 호소하였습니다. 그 눈물에 흔들린 하데스(생각보다 감수성이 풍부하신 분입니다)는 다시 장례를 치르고 오라며 시시포스를 돌려보내 줍니다. 그렇게 시시포스는 이승에 돌아가서 천수를 누립니다. 물론 결국 제명대로 살다가 죽어서 타르타로스에 가게 되었으나, 살아생전 신들이 내린 죽음에 저항했고, 두 번이나 죽음에서 탈출한 대단한 인간임에는 틀림이 없습니다.

시시포스가 받은 형벌은 잘 알다시피 바위를 산 정상으로 밀어 올리는 것입니다. 하지만 바위를 밀어 올려 정상에 도착하면 바윗돌은 바로 굴러떨어지기에 또 다시 밀어올리기를 영원히 반복해야만 합니다. 그리고 잠시라도 쉬려고 하거나 일을 미루면, 복수의 여신들이 나타나 채찍질을 가합니다. 죽음을 거부하고 달아났던 자에게 영원히 반복되는 고통을 주어, 끝이 없는 삶은 그 자체로 지옥일 수 있음을 알려주는 것 같습니다.

현대의학은 죽음에 대해 계속 연구하고 있습니다. 언젠가는 죽음을 따돌리거나 속이는 방법이 아닌 정정당당하게 이겨내는 날이 오지 않을까 기대해봅니다.

의사가 읽어주는 그리스 로마 신화

05

마음의 병들

1

정신질환과 프시케

정신과는 말 그대로 정신질환을 치료하고 연구하는 의학의 한 분야입니다. 우리나라의 경우 예전에는 신경정신과로 불렀고, 요즘에는 정신건강의학과라는 이름으로 부르고 있습니다. 정신과(Psychiatry)라는 영어 단어의 어원은 영혼과 마음의 여신의 이름인 '프시케(Psyche)'입니다. 프시케는 원래 인간이었다가 신으로 승격된 존재로, 프시케라는 이름은 호흡(숨)을 뜻합니다. 아마도 호흡이 생명의 증거이고, 인간의 영혼과도 밀접한 관계가 있을 것이란 고대인들의 믿음을 반영한 것 같습니다.

프시케는 그리스 신화 속 최초의(그리고 상당히 적나라한) 고부 갈등의 주인공이자 헤라클레스 같은 영웅처럼 인간에서 신이 되는 과정에서 엄청난 시련을 견뎌낸 독보적인 여성 캐릭터입니다. 그녀의 불행의 시작은 메두사 이야기에서 언급했던 안드로메다 공주와 비슷합니다. 어떤 왕국에 세 명의 공주가 있었는데, 그중 막내 공주인 프시케의 미모가 빼어났습니다. 프시케의 특별한 아름다움에 매료된 사람들은 그녀를 미의 여신의 현신처럼 여기며 숭배하기 시작하였습니다. 바로 여기서 미의 여신 아프로디테의 심기를 완전히 거스르게 되었죠. 신의 권위에 도전한 셈이었던 프시케는 아프로디테에게 제대로 찍혔고, 분노한 아프로디테는 자기 아들 에로스를 시켜 프시케에게 벌을 내리도록 합니다. 프시케에게 에로스의 금빛 화살을 쏘아 세상에서 가장 추하고 혐오스러운 남자를 사랑하게 만드는 것이었습니다. 에로스는 가벼운 마음으로 어머니의 명령을 수행하기 위해 떠났으나 막상 프시케의 아름다움을 마주하게 되자 그녀의 매력에 압도되어 놀란 나머지 쏘려던 금화살에 본인이 찔리고 말았습니다. 그렇게 프시케에 대한 강한 사랑에 빠지게 됩니다. 사랑에 빠진 에로스는 사람들이 익히 알고 있는 날개 달린 어린아이의 모습에서 아름다운 청년의 모습으로 성장합니다. 사랑이 그를 아이에서 어른으로 성장시킨 것이죠.

어머니의 명령을 어기고 오히려 사랑에 빠져버린 에로스는 당황했지만, 어쨌든 그녀를 다른 사람에게 뺏기기 싫은 생각에 아프로디테의 뜰에서 솟아나는 두 개의 샘물을 이용하기로 하였습니다. 두 개의 샘물이란 단물과 쓴물인데, 단물은 사용하는 사람의 아름다움과 매력을 높여주는 힘이 있었고, 쓴물은 매력을 떨어뜨리는 신비한 능력이 있었습니다. 에로스는 쓴물을 잠들어 있는 프시케의 입술에 뿌려 다른 이성이 그녀에게 매력을 느끼지 못하게 하였고, 단물을 머

〈큐피드와 프시케〉(1798년), 프랑수아 제라르

리카락에 뿌려 그녀의 아름다움이 더욱 빛나게 만들었습니다.

에로스의 술수로 인해 프시케는 더욱 아름다워져 그녀에 대한 숭배가 계속되었으나, 그 어떤 남자도 그녀에게 이성적인 매력을 느끼지 못했기에 구혼하는 사람이 한 명도 없었습니다. 오히려 그녀보다 외모가 떨어지는 언니들은 모두 구혼을 받아 결혼을 해 떠나갔고, 프시케는 향기 없는 꽃처럼 숭배만 받으며 살았습니다.

그러던 어느 날, 새로운 신탁이 내려왔는데, 프시케를 절벽 아래에 살고 있는 신비한 괴물의 짝으로 바치라는 것이었습니다. 부모는 그 신탁에 놀라 절망하였으나 프시케는 올 것이 왔다는 태도로 의연하게 받아들였습니다. 자신이 미의 여신보다 더 아름답다고 칭송을 받는 것이 큰 재앙을 불러올 것을 이미 알고 있었기 때문입니다. 어쨌든 신의 뜻을 어길 수는 없었기에 사람들은 그녀를 단장시켜 절벽으로 데려갔습니다. 화려한 결혼식 가마를 타고 화사한 신부의 모습으로 꾸민 상태였지만, 괴물에게 가는 길이었기에 행렬의 분위기는 침통하기 그지없었습니다.

사람들은 프시케를 절벽에 두고 돌아갔습니다. 프시케는 모든 것을 체념한 채 괴물이 나타나길 기다렸습니다. 그러나 시간이 지나도 괴물은 나타나지 않았습니다. 그런데 어느 순간 갑자기 바람을 타고 아름다운 목소리가 들려왔습니다. 절벽 아래로 뛰어내리라고 말이죠. 바람이 받쳐줄 테니 걱정 말고 뛰어내리라는 속삭임이 계속 들려왔습니다. 어차피 돌아갈 수도 없다고 생각한 프시케는 목소리가 시키는 대로 절벽 아래로 몸을 던졌습니다. 그 순간 바람이 부드

<에로스와 프시케>(1817년), 프랑수아 에두아르 피코

럽게 그녀를 감싸주었고, 바람의 속삭임대로 프시케는 무사히 절벽
아래에 도착할 수 있었습니다.

　절벽 아래에는 화려한 저택이 있었는데, 프시케가 안에 발을 들
이자마자 또 다른 목소리들이 들려왔습니다. 프시케를 자기들의 여
주인으로 모실 것이며, 이 저택의 주인이자 프시케의 남편이 될 분은
어둠이 내리면 찾아올 것이라는 말이었습니다. 보이지 않는 시종들
이었지만 그녀를 깍듯이 모셨고, 목욕물이며 맛있는 식사며 부족함
이 없었습니다. 프시케는 자신이 살던 왕궁보다 더 호화로운 생활을

　　　　　　　　　　　　　　의사가 읽어주는 그리스 로마 신화

만끽하고 잠자리에 들었습니다. 밤이 되자 목소리 시종들의 말대로 누군가가 찾아왔습니다. 그는 '자신이 프시케의 남편이 될 존재이나 얼굴을 보여줄 수 없다'고 하였습니다. 얼굴은 보이지 않았으나 아름다운 목소리와 다정한 말투에 안심한 프시케는 그를 남편으로 맞이하였습니다. 괴물에게 잡혀갈 것을 각오하고 온 것이었으니, 지금의 상황이 그리 나쁘지 않다고 느꼈던 것일 수도 있습니다.

이렇게 시작된 보이지 않는 남편과 시종들과의 생활은 나름 평온하고 행복했습니다. 프시케는 그 생활을 즐기며 평생을 살아갈 수도 있었을 겁니다. 그러나 호사스러운 생활을 누리다 보니 가족들이 그리워졌습니다. 자신이 무사히 잘살고 있음을 알리고 싶었던 것이죠. 프시케는 남편에게 언니들을 이곳으로 초대하게 해달라고 부탁했습니다. 그리고 이 초대는 프시케에게 시련과 불행의 씨앗이 됩니다.

프시케의 언니들은 저택에 초대되었을 때만 해도 동생이 무사히 잘사는 모습에 함께 기뻐하고 안심했습니다. 하지만 나중에는 막내 동생이 행복하게 사는 모습에 질투가 솟아오르기 시작했습니다. 언니들로서는 어려서부터 아름답다고 칭송 받던 동생이 불행한 신탁을 받았을 때, 안타까우면서도 그동안의 차별을 보상 받는 기분이 들어 조금은 좋았는지도 모릅니다. 형제자매라는 관계에도 경쟁심과 질투심은 존재하기 마련이니까요. 그러나 동생이 괴물에게 시집을 가서 죽거나 불행해졌을 거라 생각하니 또 슬펐지만, 이렇게까지 행복하게 잘사는 모습을 확인하게 되니 처음에 느꼈던 안도감은 사라지고 이전부터 도사리고 있던 질투심이 언니들을 사로잡았던 것 같습니다. 그렇게 언니들은 동생을 의심과 괴로움에 빠뜨리는 말을 건넵니다. '너와 사는 남편의 모습을 본 적이 있느냐', '사실은 아주 끔찍한 괴물이라서 그 모습을 감추고 있는 것 아니냐', '어떻게든 몰래 확인해 보아라…' 이런 식으로 말이죠.

언니들의 질투심은 단검과 램프로 변하여 프시케의 손에 쥐어집니다.

처음에는 언니들의 말을 애써 무시하던 프시케였지만, 아직 어린 나이였던 그녀는 언니들의 말에 점차 동요했고, 결국 남편의 얼굴을 확인하겠다는 결심을 합니다. 평소처럼 밤늦게 찾아온 남편은 같이 담소를 나누다 잠이 들었습니다. 하지만 프시케는 자는 척하다가 몰래 일어나 단검을 챙긴 후 등불에 불을 붙여서 남편의 얼굴을 확인했습니다. 그녀의 눈에 들어온 남편의 모습은 놀랍도록 아름다운 청년이었습니다. 완벽한 이목구비와 금빛의 고수머리, 부드럽고 뽀얀 피부까지… 미의 신이 있다면 이런 모습일 텐데 하는 생각이 드는 얼굴이었습니다.

당연히 이 남자의 정체는 그녀에게 반했던 에로스였습니다. 남편의 모습에 반해 좀 더 자세히 보려 했던 프시케는 결국 자기 화살에 자기가 찔렸던 남편처럼 실수를 저지르게 됩니다. 등불을 너무 기울이는 바람에 기름이 에로스의 몸에 떨어진 것이죠.

뜨거운 기름에 놀라 일어난 에로스는 프시케를 보고 당황한 것도 잠시, 자기와의 약속을 어긴 것에 화가 나 그녀에게 자신이 누구인지 알린 후 다시는 만날 수 없을 것이란 엄포를 놓고 날아가 버립

〈잠든 에로스를 보는 프시케〉(1769년), 루이 장 프랑수아 라그레네

니다. 그리고 그 순간 저택에 있던 목소리 시종들도 사라져 안은 폐허와 같은 황량함만 남게 되었죠. 자기 손으로 모든 행복을 깨뜨렸다는 사실을 인식한 프시케는 큰 슬픔에 빠졌습니다. 그러나 넋 놓고 있을 수만은 없었던 프시케는 남편을 찾기 위해 먼 길을 떠납니다.

한편 프시케가 남편에게 버림받은 것을 알게 된 언니들은 자기들이 동생의 자리를 대신할 수 있을까 싶어서 절벽에서 뛰어내렸으나(바람에게 받아달라고 외치며) 둘 다 목숨을 잃고 말았습니다.

낙원과도 같던 저택을 떠난 프시케는 에로스를 찾기 위한 방법을 고민했습니다만, 신인 그를 만나기란 쉽지 않았습니다. 일단 프시케는 산에 버려진 신전에 찾아가 며칠이고 그 신전을 청소하며 자신을 도와달라고 기도했습니다. 신전의 주인은 농경의 여신 데메테르였는데, 프시케를 딱하게 여긴(페르세포네라는 딸을 매우 사랑하는 성격상, 어린 여성의 모습이 안타까웠을 수도 있습니다) 그녀는 기도에 응답하였고, 아프로디테 여신의 마음을 풀어야 에로스를 만날 수 있을 것이라고 알려주었습니다. 그 말을 듣고 아프로디테 여신의 신전에 찾아간 프시케는 온 마음을 다해 용서를 구했습니다. 아프로디테 앞에서 오체투지를 하고, 본인을 비천한 종이라 칭하면서 말이죠.

하지만 원래부터 불경(프시케 본인이 저지른 것은 아니지만)의 문제로 프시케를 미워했고, 자기 아들의 마음까지 상하게 한 상태이니 아프로디테가 곱게 에로스를 만나게 해줄 리 없었습니다. 여기서 그리스 신화 속 거의 유일한 고부 갈등이 펼쳐집니다. 그것도 아주 커다란 스케일로 말이죠. 아프로디테는 프시케에게 자신이 시키는 일을

〈아프로디테 앞에서 용서를 구하는 프시케〉(1883년), 에드워드 매튜 헤일

완수하면 에로스를 만나게 해주겠다고 합니다. 그러면서 보통 인간은 해내기 어려운 일들을 지시합니다.

첫 번째로는 아프로디테 여신이 키우는 비둘기(아프로디테 여신을 상징하는 새가 바로 비둘기입니다)의 모이 창고로 가서 곡식을 종류별로 구분하여 정리하라는 일을 시킵니다. 물론 인간인 프시케 혼자서는 아무리 오랫동안 일해도 분류할 수 없는 엄청난 양이었습니다. 어쩔 줄 몰라 하는 프시케의 소식을 들은 에로스는 그녀에게 화가 난 것보다는 안타까운 마음이 컸는지 개미들을 보내 프시케를 도와주도록 하였습니다. 홀연히 나타난 개미들이 창고 안의 곡식을 분류해서 쌓는 일을 대신해주었고, 일을 마치게 된 프시케가 이를 아프로디테 여신에게 보고하자 여신은 프시케가 에로스를 꾀어냈다며 더욱 화를 냈습니다.

그러면서 이번엔 더욱 어렵고 위험한 일을 시킵니다. 성격이 난폭한 양들에게서 황금양털을 구해오라는 것이었습니다. 이 양들은 우리가 생각하는 그런 양들이 아니라 매우 사나운 맹수와 같아서 사람이 다가가면 뿔로 들이받거나 물어뜯어 목숨을 빼앗았습니다. 양털을 얻으려다 꼼짝 없이 죽을 처지에 놓인 프시케는 망연자실 양들이 모여 있는 들판 근처에 앉아있었습니다. 그때 그녀를 불쌍히 여긴 강의 신이 갈대를 흔들며 목소리를 전합니다. 근처에 양들이 물을 마시는 강가가 있는데, 저녁 늦게 가면 양들이 물을 마시고 온순해져 있을 것이고, 그때쯤 강가의 풀들에 걸려 있는 빠진 양털들을 걷어 가면 될 것이라고 말이죠.

의사가 읽어주는 그리스 로마 신화

프시케는 그 이야기에 용기를 얻어 저녁에 물을 마시고 쉬는 양들에게서 빠져나온 털들을 모아서 돌아갑니다. 그러나 이렇게 가져간 양털에도 아프로디테 여신의 마음은 풀리지 않았고, 이것 역시 에로스가 도와준 것 아니냐며 더욱 화를 냅니다.

그리고 이번에는 발 디딜 곳 하나 없는 절벽에서 떨어지는 폭포에 가서 물을 길어오라고 시키는데, 이것 역시 평범한 인간인 프시케로서는 어찌할 방법이 없는 것이었습니다. 또다시 폭포만 바라보며 이제는 에로스를 만나지 못하고 죽는가 하는 생각을 할 때쯤, 갑자기 독수리 한 마리가 나타나 프시케가 들고 있던 물동이를 채가더니

〈황금양털을 가져오라는 명령을 듣는 프시케〉(1530~60년), 안토니오 살라망카

폭포에서 떨어지는 물을 담아 가져다 줍니다. 사실 이건 에로스의 도움인지 아니면 독수리라는 새를 생각할 때 심심했던 제우스신이 도와준 것인지 명확하게 알 수는 없지만, 어쨌든 이렇게 또 하나의 시련을 넘게 됩니다.

물론 이번에도 아프로디테 여신의 화는 풀리지 않았고, 마지막으로 한 가지 더 임무를 주겠다고 합니다. 프시케가 저지른 일들 때문에 여러모로 신경을 쓰느라 자신의 미모가 상했으니, 상한 미모를 회복시킬 신들의 화장품을 구해오란 것이었습니다. 그 화장품은 명계의 여왕인 페르세포네(앞서 나온 데메테르 여신의 딸이자 하데스의 부인이 된 존재였죠)에게 가면 받을 수 있다고 하였습니다. 얼핏 들으면 택배 기사처럼 물건만 받아오면 될 일 같았으나, 평범한 인간에 불과한 프시케에게 명계(저승)에 다녀오란 것은 죽어야 한다는 말과 다를 바가 없었습니다.

이제 더는 시련을 이겨낼 방법이 없다고 생각한 프시케는 높은 탑에 올라가 몸을 던져 죽으려고 했습니다. 그런데 그때 갑자기 탑에서 목소리가 들려왔고(에로스일까요?), 그 목소리는 아주 다정하고 자세하게 산 사람이 명계에 다녀올 방법과 페르세포네의 선물에 대해 주의할 점을 알려주었습니다. 명계의 입구를 찾아가는 방법에서 저승의 강을 건너는 카론의 배를 타는 방법, 그리고 페르세포네가 주는 황금상자는 절대 열어보면 안 된다는 이야기까지 말이죠. 이 목소리에 용기를 얻은 프시케는 무사히 명계로 가서 페르세포네를 만났고, 문제의 화장품이 담긴 황금상자를 받아옵니다.

의사가 읽어주는 그리스 로마 신화

그러나 우리의 철없는 프시케는 마지막에 실수를 하고 맙니다. 에로스를 만날 때 좀 더 예뻐 보이고 싶은 생각에 신들의 화장품을 조금만 꺼내 써야겠다고 생각한 것이죠. 그렇게 열지 말라던 상자를 결국 열었습니다. 상자 안에서 나온 것은 … 화장품이 아니라 '죽음과도 같은 잠'이었습니다. 인간은 다시 깨어날 수 없는 그런 깊은 잠이었죠. 그렇게 프시케는 아프로디테 신전으로 돌아가는 길에 쓰러지고 맙니다.

소식을 듣고 너무나 놀란 에로스는 프시케에게 날아가 화살로 깨우고는 제우스에게 데리고 가서 어머니와 중재하여 자기와 함께하게 해달라고 애원합니다. 이 젊은 연인들을 좋게 보았는지 제우스는 기꺼이 그 소원을 들어주었습니다. 아프로디테에게는 그만 화를 풀도록 이야기하고, 프시케를 신으로 만들어 에로스와 영원히 함께할 수 있도록 한 것이지요. 제우스의 부탁 때문인지 화를 푼 아프로디테도 에로스와 프시케의 결혼을 축복하게 되었고, 두 연인은 모든 신들이 모인 가운데 올림포스에서 결혼식을 올립니다.

신이 된 프시케의 등에는 남편처럼 날개가 돋아났는데, 그 형태가 나비의 날개와 같았습니다. 번데기 상태에서 견디다가 아름다운 성체로 변하는 나비의 모습이 신이 된 인간의 영혼과 비슷하다는 생각이 듭니다.

프시케와 에로스 사이에는 쾌락이라는 뜻의 헤도네(Hedone)라는 이름을 가진 딸이 태어납니다. 영혼이 사랑을 이루면 가장 큰 기쁨을 얻게 된다는 상징인 것 같습니다. '쾌락주의'라는 뜻의 영어 단

〈황금상자를 여는 프시케〉(1903년), 존 윌리엄 워터하우스

어인 헤도니즘(Hedonism)은 헤도네에서 기원한 말입니다.

프시케의 여정을 보면, 인간의 영혼이 신의 경지에 이르기 위해서는 어떤 노력을 해야 하는가에 대해 고대인들이 생각하는 방식을 엿볼 수 있습니다. 아마도 인간을 초월한 경지가 되기 위해서는 여러 가지 시련을 이겨내야 한다고 생각했을 것입니다. 프시케는 고대 그리스 신화에서 혈통과 관계없이 인간에서 신이 된 드문 사례입니다. 죽음에서 부활하거나 신이 직접 천상으로 납치하는 과정을 겪지 않고 신들에게 인정을 받았다는 점에서는 거의 유일한 경우 아닌가 합니다.

신이 되는 과정의 시작점이 '신이 내린 금기'를 어긴 순간부터라는 것도 흥미롭습니다. 그리스 신화에서는 인간이 신의 명령을 어기는 것을 매우 터부시합니다. 그러나 다른 한편으로 고대 그리스인들은 신이 되기 위해서는 그 금기를 넘어야 한다고 생각했던 것일지도 모릅니다. 자신의 한계를 넘고자 하는 그 욕망이, 인간이 가진 영혼의 가장 중요한 특성이라고 생각했던 것은 아닐까요?

이야기를 마무리하기 전에 프시케 이야기를 잠시 정신의학적으로 뒤틀어서 해석해보고자 합니다. 사실 이 이야기를 달리 보면 '젊은 여성에게 발병한 조현병(schizophrenia)' 증상을 묘사한 것일 수도 있습니다. 이야기에서 프시케는 아프로디테의 저주와 에로스의 잔꾀로 인해 혼기를 놓친 여성으로 나옵니다. 프시케의 나이는 대략 어느 정도일까요? 고대 그리스에서 여성들은 십대 초중반에 결혼을 했다고 합니다. 따라서 혼기를 놓쳤다는 것이 강조될 정도면 스무 살

〈납치되는 프시케〉(1895년), 윌리앙 아돌프 부그로

을 넘긴 나이였을 가능성이 큽니다. 또한 괴물에게 시집보내라는 극단적인 신탁이 내려왔고 그것을 따른 것을 보면 당시로는 용인하기 어려울 정도로 늦은 나이까지 혼인하지 못한 것일 수도 있습니다. 이렇게 볼 때 프시케는 이십 대 중반쯤으로 충분히 추측할 만합니다. 현대의학에서 말하는 여성 조현병 환자의 호발연령인 25~35세 사이였을 것으로 생각할 수 있습니다.

또한 프시케는 '절벽으로 뛰어내리면 받쳐준다'라는 바람의 소리와 '보이지 않는 충실한 시종들'의 목소리를 들었으며, 자신의 남편이 밤마다 찾아오고, 그 남편이 사실 신이라고 주장합니다. 조현병 진단에서 가장 중요한 증상들인 환각과 망상이 있는 것이죠. 이후의 모든 여정도 현실적으로 생각하면 프시케라는 여성의 망상일 수 있습니다. 본인의 환상을 깨려는 언니들의 얘기를 질투로 생각하고, 갑자기 남편이 사라졌다고 하면서 그를 찾아 먼 길을 나섭니다. 버려진 신전을 청소하며 기원을 올리거나(정상적이라면 사람들이 많이 가는 유명한 신전으로 찾아가겠죠), 나중에는 아프로디테 여신의 명령이라 하며 갖가지 기행을 벌이죠. 개미가 꼬여 있는 곡식들을 분류하고, 석양이 질 무렵 양떼들이 있는 들판에 가서 황금 양털을 모읍니다. 또 깎아지를 듯한 폭포에서 새가 물을 떠다 줬다고 말하고, 급기야는 명계에 다녀왔다고 이야기를 합니다. 그러다가 증상이 더욱 악화되고 일종의 거부증(negativitism)이 발생해 죽은 듯이 늘어져 있는 것이죠. 어쩌면 프시케는 조현병으로 고통받다가 그 증상이 고착된 채로 사망한 환자일 수도 있지 않을까요?

이런 식으로 해석해보면, 아름다운 로맨스판타지가 한 편의 싸이코스릴러로 변모하는 것 같습니다. 신화와 과학의 경계선이 이런 것일지도 모릅니다.

2
색정망상

색정망상(Erotomania)은 망상장애의 하나로, 다른 사람이 자신을 사랑한다고 믿는 것을 주증상으로 합니다. 프랑스의 정신병학자인 가에탕 가시앙 드클레랑보(Gaëtan Gatian de Clérambault)에 의해 처음으로 사례가 발표되었기 때문에 드클레랑보 증후군이라고도 합니다.

드클레랑보는 1921년에 프랑스의 53세 여자가 영국의 왕인 조지 5세가 자신을 사랑하고 있다고 굳게 믿고 영국의 버킹엄 궁전 앞에 찾아가는 등 이상 사고 및 행동을 보이는 증례를 발표하였고, 이것을 색정망상이라고 불렀습니다. 자신을 알지도 못하는 사람인데도 자신을 사랑하고 있다고 굳게 믿고 상대방의 모든 행위에 과한 의미를 부여하면서 자신의 망상을 합리화합니다. 증상이 심해지면 스토킹과 같은 범죄로 발전할 수 있습니다.

〈에로스로부터 자신을 지키려는 젊은 여인〉(1880년), 윌리앙 아돌프 부그로

의사가 읽어주는 그리스 로마 신화

〈아폴론과 다프네〉(1907년), 존 윌리엄 워터하우스. 월계수로 변하는 다프네의 표정에서 일방적인 사랑에 대한 공포와 혐오감이 느껴지는 것 같습니다.

색정망상이라는 용어에 들어 있는 '에로토(Eroto)'라는 단어에서 알 수 있듯이 이 용어의 기원은 앞서 나왔던 에로스입니다. 에로스 자신이야 프시케와 만나 변치 않는 사랑을 나누었지만, 에로스가 성장하기 전까지는 황금화살(사랑을 불러일으킴)과 납화살(미움을 불러일으킴)을 가지고 신과 사람들의 마음을 조종하는 장난을 치곤 했습니다. 이로 인해 일어난 가장 큰 비극 중 하나가 바로 아폴론과 다프네(Daphne)의 이야기입니다.

아폴론은 자기 여동생인 아르테미스와 더불어 활을 잘 쏘기로 유명했는데, 에로스가 활과 화살을 가지고 노는 것을 보고는 어린애 장난감이라며 비웃었습니다. 이에 앙심을 품은 에로스는 아폴론에게는 황금화살을 쏘았고, 그 순간 아폴론의 눈에 들어온 나무요정 다프네에게는 납화살을 쏘았습니다. 그렇게 아폴론은 다프네에게 깊은 사랑을 느끼게 되었으나 다프네는 아폴론에게 혐오감을 느꼈습니다.

평소 미남신으로 여기저기서 구애받는 것에 익숙했던 아폴론은 자신이 아무리 애원해도 기분 나빠하며 도망가는 다프네를 이해할 수 없었고, 결국에는 자신을 피해 달아나는 다프네를 쫓기 시작하였습니다. 도망치다 지친 다프네는 아버지인 강의 신에게 자신을 아폴론이 알아보지 못하게 변신시켜 달라고 빌었습니다. 그렇게 다프네는 나무의 모습으로 변해버렸습니다. 자기를 피해 도망가다 나무가 되어버린 다프네를 알아본 아폴론은 월계수 나무를 자신의 나무로 삼습니다. 이후 아폴론의 가호를 받았다고 생각되는 승자들에게는 월계관이 씌어졌습니다.

　　아폴론과 다프네의 신화 이야기는 색정망상에 의해 벌어질 수 있는 일을 그리고 있습니다. 상대방의 마음과 관계없이 자기 혼자만 사랑이라는 감정에 집착할 때 벌어질 수 있는 비극을 잘 보여주죠. 이 색정망상은 그 원인이 에로스의 화살이었기에 이 망상장애에 '에로토'라는 접두사를 사용한 것은 매우 적절해 보입니다.

3

근친상간 콤플렉스

정신분석학에서 대중적으로 가장 널리 알려진 것을 꼽으라면 오이디푸스 콤플렉스를 들 수 있을 것입니다. 그뿐만 아니라 오이디푸스가 그리스 신화에 등장하는 인물이라는 점은 굳이 이야기하지 않아도 될 정도입니다.

테베의 왕 라이오스(Laius)와 왕비 이오카스테(Jocasta) 사이에서 태어난 오이디푸스(Oedipus)는 '이 아이는 훗날 아버지를 죽이고 어머니와 동침하게 될 것'이라는 신탁에 의해 버려집니다. 사실 라이오스 왕은 신하에게 아이를 죽이라고 하였으나, 차마 어린아이를 죽일 수 없었던 신하는 아이를 근처 산에 있는 나무에 거꾸로 매달아 놓고 가버렸습니다. 그렇게 나무에 매달려 울고 있는 아이를 발견한 코린토스의 한 양치기가 데려와 자식으로 삼아 키웠는데(혹은 코린토스의 왕에게 데려가 양자로 삼도록 했다는 이야기도 있습니다), 처음 발견했을 때 발목에 묶인 밧줄 때문에 발에 피가 몰려 부풀어 올라 있었기에 '부푼(Oed) 발(pus)'이라는 뜻의 오이디푸스라고 불립니다. 여기서 '부풀다'를 뜻하는 단어인 오이드(Oed)에서 유래한 단어가 부종을 뜻하는 이디마(edema)입니다.

청년으로 잘 성장한 오이디푸스는 자신의 친부모가 따로 있다는 이야기를 듣고 친부모를 찾아 길을 떠납니다. 그런데 당시 테베에는 스핑크스(Sphinx)라는 괴물이 나타나 사람들을 해치고 있었습니다. 이 괴물은 아들을 버린 라이오스 왕을 벌하기 위해 가정의 수호신인 헤라가 보낸 것이라고 알려져 있었습니다. 스핑크스를 없앨 방도를 찾기 위해 라이오스 왕은 신탁을 받으러 길을 떠났는데, 마차를 몰고 가던 도중 좁은 길에서 오이디푸스와 마주칩니다. 거기서 누가 길을 먼저 지나갈 것인지를 두고 다툼이 일어났는데, 이때 서로 양보하지 않고 감정의 날을 세우다가 싸움이 벌어졌고, 젊고 힘이 센 오이디푸스에 의해 라이오스 왕 일행은 모두 죽고 마부만 겨우 살아남아 도망쳤습니다.

결국, 오이디푸스는 자신도 모르는 사이에 예언의 일부(아버지를 죽일 것이다)를 실행하게 된 것입니다. 그렇게 계속 길을 가던 오이디푸스는 스핑크스를 만나는데, 여기서 그 유명한 수수께끼가 나옵니다. 수수께끼는 기묘하게도 '발'에 대한 것이었습니다.

"아침에는 네 발, 점심에는 두 발, 저녁에는 세 발로 걷는 것은?"

문제를 들은 오이디푸스는 잠시 고민하다가 '사람'이라고 대답했고(아기는 네 발로 기어 다니고, 자라서는 두 발로 걷고, 나이가 들면 지팡

〈오이디푸스와 스핑크스〉(1864년), 귀스타브 모로

이를 짚고 다닌다는 뜻), 답을 들은 스핑크스는 자신의 패배에 수치심을 느끼고 절벽에서 뛰어내려 자살했습니다. 결국 테베 사람들을 괴롭히던 괴물을 처치한 셈이 된 오이디푸스는 테베의 영웅으로 등극했고, 마침 라이오스 왕이 죽어 왕위가 비어 있었기에 오이디푸스가 새로운 왕으로 추대되었습니다. 그리고 남편을 잃고 혼자 왕국을 다스리던 이오카스테 왕비와 결혼하여 신탁의 뒷부분을 이루게 됩니다(어머니와 동침하리라).

어떻게 어머니뻘 되는 여성과 결혼이 가능할까 싶지만, 신화에서는 적절한 설명을 해주고 있습니다. 이오카스테는 '하르모니아(Harmonia)의 목걸이'라는 신비한 물건을 지니고 있어서, 장성한 오이디푸스를 만났을 당시에도 젊음과 미모를 유지하고 있었습니다. 이 목걸이는 아레스와 아프로디테 사이에서 태어난 딸인 하르모니아의 결혼식 때, 헤파이스토스가 선물한 목걸이로 소유자의 젊음과 아름다움을 유지하도록 하지만, 또 소유자를 불행하게 만든다는 이야기가 전해지는 물건이었습니다. 최고의 기술자라 일컬어지는 대장장이 신이 만든 물건답게 이오카스테의 젊음과 아름다움을 확실하게 유지해주었으나, 그 덕분에 '아들과 사랑에 빠지는' 불행이 일어난 것입니다.

신탁이 이루어진 것을 몰랐던 오이디푸스와 이오카스테는 사이좋은 부부로 살며 네 명의 아이를 낳았고, 테베도 아주 훌륭하게 다스렸습니다. 그러나 운명은 오이디푸스를 편안하게 놔두지 않았습니다. 갑자기 테베에 원인을 알 수 없는 전염병이 돌기 시작했고, 아무리 노력해도 해결되지 않자 결국엔 신탁을 청하게 됩니다.

신탁은 '라이오스 왕의 살해범이 테베를 떠나지 않는 한(혹은 아비를 죽이고 어미와 동침한 패륜아를 벌하지 않는 한) 전염병은 사라지지 않는다'는 것이었습니다. 자신이 그 원흉인 줄 까맣게 몰랐던 오이디푸스는 라이오스 왕의 살해범을 찾기 위해 노력합니다. 그리고 유명한 장님 예언자인 테레시아스(Teiresias)를 불러 살해범을 찾아 달라고 부탁합니다.

테레시아스는 오이디푸스 왕에게 아버지인 라이오스 왕을 죽이고 어머니인 이오카스테 왕비와 동침한 패륜을 저질렀음을 알려줍니다. 이 사실을 듣고 놀란 이오카스테는 목을 매어 자살했고, 오이디푸스는 자기 눈을 뽑아 스스로 장님이 되었습니다. 마치 자신이 낸 수수께끼의 답이 밝혀지자 부끄러움을 이기지 못하고 자살한 스핑크스의 최후와 비슷한 모습이었습니다.

이후 오이디푸스는 패륜아라 손가락질받으며 테베에서 추방되어 여기저기를 떠돌았습니다. 그의 옆에는 딸인 안티고네만이 남아 그를 돌봐주었다고 합니다. 오이디푸스는 운명에 의해 가장 비참한 최후를 맞이한 그리스 신화 속 영웅입니다.

이 비극에서 영감을 받은 오이디푸스 콤플렉스는 독일의 정신과 의사인 지그문트 프로이트(Sigmund Freud)가 만든 개념입니다. 남근기(男根期)라고 불리는 3~5세경의 남자아이들이 어머니를 독차지하려 하고 아버지에게 증오심을 품는다는 것인데, 과학적으로 증명된 바가 없고 이를 반박하는 주장도 많습니다. 그러나 워낙 널리 알려

〈테베를 떠도는 안티고네와 오이디푸스〉(1843년), 외젠 에르네스트 일마쉐

진 개념이라 아들의 어머니에 대한 사랑과 아버지에 대한 경쟁심을 표현할 때 오이디푸스 콤플렉스라는 용어를 사용하고 있습니다.

∞

오이디푸스 콤플렉스가 아들이 어머니에게 갖는 사랑과 아버지에 대한 경쟁심이라면, 엘렉트라 콤플렉스는 딸이 아버지에게 사랑을 품고 어머니를 질투하는 상태를 나타내는 용어입니다. 엘렉트라는

『일리아스』에서 활약한 그리스 영웅 중 대장급이라고 할 수 있는 미케네의 왕 아가멤논의 딸이었습니다. 아가멤논은 앞서 언급한 바 있는 그리스의 절세미녀 헬레나의 언니인 클리타임네스트라의 남편이기도 했죠. 그는 트로이와의 전쟁에서 승리한 후 위풍당당하게 개선하였는데, 이때 트로이의 공주였던 카산드라(Cassandra)를 포로이자 전리품으로 삼아 귀국하였습니다. 그리고 고국에 돌아오자마자 부인에게 살해당하게 되죠.

아가멤논은 트로이 전쟁 시작 전에 자신의 딸인 이피게네이아(Iphigeneia)를 아르테미스 여신에게 제물로 바쳤는데(실제로는 이피게네이아를 불쌍히 여긴 아르테미스 여신이 멀리 데려가 자신의 사제로 삼았다고 합니다), 클리타임네스트라는 그 일에 앙심을 품고 남편을 미워했으며, 또한 남편이 전쟁에 나간 사이 다른 남자와 정을 통하고는 남편을 죽이기로 결심합니다. 남편을 죽인 후에는 그 남자를 미케네의 왕으로 올리게 되죠. 게다가 이 사실을 입막음하고, 불륜으로 태어난 자식들에게 왕위를 물려주기 위해 아가멤논과의 사이에서 태어난 아들인 오레스테스(Orestes)까지 없애려 하지만, 오레스테스는 멀리 달아나는 데 성공합니다.

아가멤논과 클리타임네스트라 사이에서 태어났던 아이들은 어머니를 이해할 수도 없고, 아버지를 죽인 죄와 자신들까지 해치려 한 죄를 용서할 수도 없었기에 오레스테스와 누나 엘렉트라는 7년이 지나서 어머니에 대한 복수를 감행합니다. 물론 이것 역시 패륜이었기에 오레스테스는 복수의 여신들에게 벌을 받아 한동안 광인이 되었

의사가 읽어주는 그리스 로마 신화

〈퓨리스에게 쫓기는 오레스테스〉(1862년), 윌리앙 아돌프 부그로

습니다만, 마지막에는 신들의 법정에서 무죄를 인정받아 광기에서 풀려나게 됩니다.

사실 이 신화 속 비극의 내용만 보면, '딸의 아버지에 대한 사랑과 어머니에 대한 질투'라는 엘렉트라 콤플렉스의 개념과는 잘 맞지는 않지만, '아들에 의한 아버지 살해'가 일어나는 오이디푸스 콤플렉스의 대척점으로 '딸에 의한 어머니의 살해'라는 모습이 나타나므로 이 신화에서 이름을 따온 것 아닐까 합니다.

정식으로 인정받는 의학용어는 아니나 의붓어머니가 의붓아들에게 애정을 느끼는 상태를 가리키는 용어로 파이드라 콤플렉스(Phaedra complex)가 있습니다. 파이드라는 테세우스 이야기에서 나왔던 아리아드네의 자매로, 신탁에 의해 버려진 언니와 달리 정식으로 테세우스와 결혼하게 됩니다. 그러나 테세우스는 이미 아마존의 여왕인 히폴리테(Hippolyta)와의 사이에서 아들이 있을 만큼 나이가 많았기에 파이드라는 테세우스에게 별다른 애정을 느끼지 못했습니다. 오히려 테세우스의 아들인 젊고 아름다운 청년 히폴리토스

〈파이드라〉(1880년), 알렉상드르 카바넬

의사가 읽어주는 그리스 로마 신화

(Hippolytos)에게 반하고 말았습니다. (히폴리토스가 아르테미스 여신을 숭배하며 순결을 맹세하고 사랑의 여신인 아프로디테를 경멸하자 그에 대한 벌로 파이드라에게 잘못된 사랑의 감정을 불러일으켰다는 이야기도 있습니다.)

그러나 히폴리토스는 아르테미스 여신을 따르고 있는데다 자신의 의붓어머니인 여성의 구애를 받아들일 이유가 없었기에 단호히 파이드라의 애정을 거절합니다. 이에 앙심을 품은 파이드라는 남편 테세우스에게 가 히폴리토스가 자신을 강간하려 했다고 거짓 고백을 합니다. 이야기를 듣고 화가 난 테세우스는 히폴리토스를 처형(혹은 포세이돈에게 벌줄 것을 청해 히폴리토스가 몰던 마차의 말들이 놀라 날뛰어 떨어져 죽게 했다고도 합니다)했으며, 파이드라는 그 소식을 듣고 자살을 합니다.

의학적으로 쓰는 용어는 아니지만, 문학이나 예술에서 간혹 다뤄지는 이야기이기에 그 기원에 대해서 알고 있다면 더욱 흥미를 느낄 수 있을 것입니다.

4

자신만을 사랑하는 병

신문이나 방송에서 중범죄자들에 관한 이야기를 할 때 '사이코패스'라는 표현을 종종 사용합니다. 이 사이코패스는 반사회적 인격 장애라고 부르기도 하는데, 이런 탓인지 인격 장애 하면 사이코패스라는 개념부터 떠올리기 쉽습니다. 그러나 실제 인격 장애는 사이코패스와 같은 반사회적 인격 장애만 있는 것이 아니며, 그 정의와 기준을 살펴보면 그리 단순한 질환이 아님을 알 수 있습니다.

인격 장애(Personality disorders)는 환자의 성격, 습관, 사고방식 등이 사회에서 정한 기준에서 극단적이고 지속적으로 벗어나 사회생활에 문제를 일으키는 장애를 뜻합니다. 대부분 청소년기나 성인기 초기에 발생하는데, 이 질환에 걸리면 사회생활이 어렵고 환자와 주위 사람들이 고통을 받습니다. 『정신질환 진단 및 통계 편람』네 번째 개정판인 DSM-IV에 따르면, 인격 장애는 크게 세 가지의

의사가 읽어주는 그리스 로마 신화

유형이 있고, 각 유형에는 총 10가지의 인격 장애가 있습니다. 세 가지 유형은 기이형인 A형(편집성, 분열형, 분열성), 충동형인 B형(반사회성, 자기애성, 경계성, 연극성), 그리고 불안형인 C형(회피성, 의존성, 강박성)으로 나뉩니다. 물론 이와 같은 인격 장애를 진단하기 위해서는 정신건강의학과 전문의와의 상담이 필요하며, 임의로 자신이나 타인이 인격 장애라고 속단하는 것은 금물입니다.

이 중에서 B형에 속하는 질환 중 '자기애성 인격 장애(Narcissistic Personality Disorder, NPD)'는 과장된 자존감과 칭찬에 대한 욕구, 감정 이입의 결여 등을 특징으로 하는데, 그 어원은 그리스 신화 속 아름다운 청년의 이름입니다.

나르키소스(Narcissus)는 강의 신의 딸이자 님프인 리리오페(Liriope)의 아들이며, 아버지 역시 강의 신 중 하나인 케피소스(Cephissus)로 날 때부터 물과 관계가 많았습니다.

리리오페는 자신의 아름다운 아들의 앞날을 걱정하여 장님 예언자인 테이레시아스(오이디푸스 이야기에 나왔던 그 예언자입니다)를 불러 미래를 묻습니다. 테이레시아스는 나르키소스가 '자기 얼굴을 보지 않으면' 잘살 수 있을 것이라 예언했습니다(이런 이야기가 나오지 않는 전승도 있습니다). 지금이야 자기 얼굴을 보지 않고 살기란 거의 불가능에 가깝지만, 고대 그리스에서는 거울이 보편화하지 않았기에 이 정도 금기를 지키는 것은 그리 어렵지 않게 느꼈을 법도 합니다.

어쨌든 이런 예언을 듣고 자라난 나르키소스는 그 용모가 매우 아름다웠으나 자존심이 세서 그 어떤 여성의 구애도 받아주지 않

〈나르키소스〉(1594~1596년), 미켈란젤로 카라바지오

고 매몰차게 거절하였습니다. 자신의 마음이 가지 않는 이성을 거절하는 것은 당연한 반응이지만, 거절이 매우 여러 번 이어졌고, 그 방식이 몹시 매정해서였는지, 거절당한 여성들은 나르키소스에게 원망을 품었습니다. 이들 여성은 복수의 여신인 네메시스(Nemesis) 혹은 사랑의 여신 아프로디테에게 복수해줄 것을 탄원합니다. 자기들처럼 실연의 아픔을 겪게 해달라고 말이죠.

 이들의 호소를 받아들인 여신은 나르키소스에게 절대 이루어질

〈에코와 나르키소스〉(1903년),
존 윌리엄 워터하우스

수 없는 상대와 사랑에 빠지도록 저주를 내렸습니다. 나르키소스는
사냥하고 돌아가던 중 목이 말라 다가간 연못에서 수면(水面)에 비
친 자신의 얼굴을 들여다보게 됩니다. 그리고 이 순간 테이레시아스
의 예언이 이루어지게 되죠! 너무도 아름다운 용모의 사람이 연못에
나타나자 나르키소스는 그 사람이 자신인 줄 모르고 물의 요정이라
고 생각했습니다. 그렇게 물에 비친 자기에게 계속 구애를 하게 된 것
입니다.

의사가 읽어주는 그리스 로마 신화

물에 손을 뻗으면 도망치듯 사라지고, 수면의 파문이 멎으면 다시 돌아와 자기처럼 미소를 지어 화답하는 매혹적인 요정의 모습에 점점 안달이 난 나르키소스는 연못가를 떠나지 못하고 수면에 비친 자기 모습만 하염없이 바라보다 결국은 말라 죽었습니다. 나르키소스의 마지막 모습은 물가를 향해 고개를 꺾고 있는 형태였다고 합니다. 그리고 마지막 모습 그대로 꽃이 되었지요. 바로 죽어가는 나르키소스의 모습처럼 고개를 아래로 숙이고 있는 꽃, 수선화(Narcissus)였습니다.

나르키소스는 죽어서 명계로 가기 위해 스틱스강을 건너면서도 물에 비친 자신의 모습을 쳐다보았다고 합니다. 어떻게 보면 죽음도 갈라놓을 수 없고, 죽어서도 이루지 못할 가장 진득한 사랑의 감정이 바로 자기애(自己愛)라는 은유가 아닐까 합니다.

5
자신을 사랑하지 못하는 병

자기 자신을 사랑하는 자기애성 인격 장애와는 반대로, 자신에게 애정을 갖지 못하는 그런 장애도 있습니다. 사람들 대부분은 자신의 모습에 온전히 만족하지 않으며, 평소 자신의 모습에서 못나거나 부족한 면을 찾고 그에 대해 자조하기도 합니다. 하지만 기본적으로 사람들은 자기 자신을 사랑하며, 자신의 좋은 점을 찾아내려 합니다. 물론 자신을 추하다고 생각하며 자신의 결점에만 집착하게 만들어 큰 불행을 느끼게 하는 병도 있습니다.

신체변형장애(Body dysmorphic disorder)는 신체이형장애 혹은 신체추형장애라고도 부르는데, 외모에 별다른 결점이 없는데도 혹은 결점이 매우 사소함에도 이 결점을 심각하게 여기는 것입니다. 이 질환이 있는 환자들은 자신의 외모를 고치려고 성형수술이나 시술에 집착하는데, 그에 만족하지 못하고 우울감과 사회적 고립 등에

의사가 읽어주는 그리스 로마 신화

시달리다가 자살을 시도하기도 합니다. 『정신질환 진단 및 통계 편람』 4권에서는 신체형 장애 범주로 분류되었다가 『정신질환 진단 및 통계 편람』 5권에서 강박 장애와 관련된 장애의 하위 장애로 옮겨졌습니다. 망상장애로 진단받을 수도 있으며, 약물치료와 자존감을 높이는 심리치료를 병행하는 것이 필요합니다.

신체변형장애의 영문명에 들어가는 '디스모픽(dysmorphic)'이란 단어는 '이상(異常)'을 뜻하는 디스(dys)와 '형태'라는 의미의 모프(morph)를 더하여 만든 것인데, 모프라는 단어의 어원은 꿈의 신인 히프노스의 아들 모르페우스(Morpheus)입니다. 모르페우스는 밤의 신 닉스의 아들이라는 전승도 있으나 보통은 잠의 신인 히프노스와 휴식과 명상의 여신인 파시테아(Pasithea) 사이에서 태어난 천여 명의 아들 중 첫째 아들로 봅니다. 꿈속에서 아주 중요한 역할을 담당하는 모르페우스는 그 어떤 사람의 형상도 똑같이 따라 할 수 있다고 합니다. 그래서 신들이 인간에게 꿈을 통해 계시 등을 내릴 때 필요한 인간의 형상을 취하여 꿈속에 나타나 여러 가지 이야기를 전하게 하죠.

모르페우스가 활약한 가장 대표적인 이야기는 케익스(Ceyx)와 알키오네(Alcyone)에 관한 것입니다. 테살리아(Thessalia)의 왕과 왕비이자 사이좋은 부부였던 둘은 남편인 케익스가 배를 타고 나갔다가 실종되는 비극을 맞습니다. 남편이 죽은 줄 몰랐던(혹은 믿고 싶지 않았던) 알키오네는 가정의 여신 헤라에게 남편을 돌려주길 매일매일 기원했습니다.

〈모르페우스〉(1771년), 장 베르나르 레스투. 보통 날개가 달린 남성의 모습으로 그려집니다.

남편의 죽음을 받아들이고 제사를 지내야 할 알키오네가 자신의 신전에서 계속 기도하는 것을 보기 힘들었던 헤라는 모르페우스에게 알키오네의 꿈속으로 찾아가 케익스가 죽었다는 소식을 전하도록 했습니다.

모르페우스는 헤라의 부탁대로 알키오네의 꿈으로 들어가 그녀의 기억 속에 있는 남편의 모습을 완벽하게 재현합니다. 익사한 상태였기에 전신이 푹 젖고 피부가 창백했다는 점을 제외하면 얼굴, 목소리, 체형, 그리고 걸음걸이 모두 평소의 케익스와 같았죠.

의사가 읽어주는 그리스 로마 신화

〈모르페우스에게 헤라 여신의 명령을 전달하는 이리스(헤라의 전령이자 무지개의 여신)〉(1881년), 피에르 나르시스 게랭

케익스는 다정했던 평소의 모습과 달리 슬픈 표정으로 알키오네에게 자기는 이미 죽었으니 시체를 찾아 장사를 지내게 해달라는 이야기를 전해 아내의 마음을 아프게 했습니다. 결국, 그 꿈으로 남편

의 죽음을 알게 된 그녀는 바닷가에 밀려온 남편의 시체를 발견하게 되었고, 그 슬픔을 이기지 못하고 자신도 바다에 뛰어듭니다.

이 가엾은 부부를 안타깝게 여긴 신들은 부부를 새(물총새로 변했다고도 하는데, 물총새의 학명이 알키오네에서 기원한 할시온(Halcyon)입니다)로 변하게 해 살게 했다고 합니다. 또한, 물총새가 된 후에는 평안하게 살 수 있도록 배려를 받아 그들이 둥지를 짓고 알을 낳는 7일간은 바다가 아주 조용하고 평안했다고 합니다. 서양에서는 이 시기를 '할시온 데이즈(Halcyon days)'라고 부릅니다.

한편 모르페우스 신의 이름을 딴 유명한 영화 속 등장인물이 바로 〈매트릭스〉의 모피어스입니다. 일종의 꿈속이라고 볼 수 있는 매트릭스 세계 속에 나타나 주인공에게 중요한 메시지를 전한다는 점에서 아주 적절한 이름을 붙였다는 생각이 듭니다.

또한 일종의 마약이자 뛰어난 진통 효과를 가진 약인 모르핀(Morphine) 역시 모르페우스의 이름에서 기원하였는데, 꿈속에 있는 듯한 몽롱한 느낌이 들고 잠이 들게 한다는 점, 그리고 통증을 잊게 한다는 점에서 꿈의 신의 이름이 어울리는 약제 아닐까 싶습니다.

의사가 읽어주는 그리스 로마 신화

6

특정 공포증

공포란 특정한 사물이나 상황에 대해 지속적이고 비이성적으로 극렬한 두려움을 느끼는 상태를 말합니다. 우리는 살면서 다양한 종류의 공포감을 느낍니다. 어둠이나 높은 곳을 무서워하기도 하고, 귀신을 두려워하거나 살아가면서 겪을지도 모를 실패에 대해 공포감을 느끼기도 합니다. 반대로 공포감을 즐기고 공포를 줄 수 있는 상황(공포 영화를 본다거나 스카이다이빙을 하는 것과 같은)을 찾아다니는 사람도 있습니다. 이렇게 보면 공포란 사람이 느낄 수 있는 매우 큰 심리적 자극임이 틀림없습니다. 그런데 이러한 공포감이 질병에 이를 정도로 심하게 나타날 수도 있습니다.

특정 공포증(Specific phobia) 혹은 특정 공포 장애는 불안 장애의 일종이며, 특정한 상황이나 대상, 환경에 대한 비현실적이고 강렬한 불안과 두려움이 계속되는 질병입니다. 개 공포증(Cynophobia),

곤충 공포증(Entomophobia), 뱀 공포증(Ophidiophobia)과 같이 공포 대상의 이름과 합쳐져서 이름이 만들어집니다. 공포의 대상에 따라 회피가 쉬워 일상생활에 큰 문제가 없기도 하지만(요즘엔 뱀을 보기가 정말 어렵습니다), 일부 공포증은 생활 속에서 계속 접해야 하는 대상일 때가 있어 환자를 불편하게 만들기도 합니다. 이처럼 공포증을 느끼는 환자를 치료하기 위해서는 노출 요법을 주로 사용합니다. 비행 공포증과 같은 일부 공포증은 비행기 탑승 전에 항불안 효과가 있는 벤조디아제핀(Benzodiazepine) 계열의 약물을 사용하기도 합니다.

공포증을 뜻하는 단어 '포비아(Phobia)'의 어원은 두려움(fear)을 의인화한 신 포보스(Phobos)입니다. 이 신은 아레스와 아프로디테 사이에서 태어난 아들이며 그의 쌍둥이 동생은 비슷한 종류의 공포(terror)를 의미하는 데이모스(Deimos)였습니다.

한편으로는 공포증의 어원이 꿈의 신인 히프노스의 아들 중 하나인 포베토르(Phobetor)라고 보기도 하는데(앞서 나왔던 모르페우스의 동생이죠), 포베토르는 '놀라게 하는 자(Frightener)'라는 뜻을 지니고 있습니다. 그는 꿈속에서 뱀이나 짐승, 새의 모습으로 나타나 꿈을 꾸는 사람들을 놀라게 하고 겁먹게 하는 역할을 담당했다고 합니다. 악몽을 의인화한 신이라는 해석도 있습니다.

의사가 읽어주는 그리스 로마 신화

7

공황 장애와 바늘 공포증

앞서 나온 특정 공포증과 달리 설명할 수 없는 공포감과 불안감이 몰려오는 질환이 있습니다. 이 질환은 연예인들이 방송에 나와 이야기해 우리에게 좀 더 친숙해지기도 했죠. 바로 공황 발작과 공황 장애입니다.

공황 발작(panic attack)은 갑자기 극도의 불안, 두려움, 초조감, 죽을 것 같은 공포감 등을 느끼는 것으로 신체 증상(호흡 곤란, 심계항진, 흉통, 어지럼증 등)을 동반하기도 합니다. 공황 장애(panic disorders)는 이와 같은 공황 발작이 반복적으로 발생하는 것을 말하는데, 다시 발작이 일어날 것을 걱정하거나 발작을 유발할 수 있는 상황을 피하고자 행동을 변화시키는 것을 의미하기도 합니다. 정확한 진단을 위해서는 정신건강의학과 전문의와의 상담이 필요하며, 비슷한 신체 증상을 일으킬 수 있는 다른 질환(갑상선 기능 항진증, 저

혈당증, 뇌전증 등)은 아닌지 감별 진단이 병행되어야 합니다. 치료로
는 약물을 이용한 치료와 인지-행동 요법이 있으며, 이 두 방법을 병
행하는 것이 치료 효과가 높다고 알려져 있습니다.

이러한 공황 장애의 어원은 목양의 신인 판(Pan)의 이름에
서 왔습니다. 판은 펠로폰네소스 반도의 중부 지방인 아르카디아
(Arcardia)에서 들판, 수풀, 나무 그늘이나 성(sex)에 관계된 존재로
숭배받았습니다. 판이 생식력 및 생명이 번창하는 계절인 봄과 연관
되어 있어서 이러한 숭배를 받았던 것으로 보입니다.

판은 보통 머리엔 염소의 뿔이 솟아 있고, 하반신 역시 염소의
뒷다리가 달린 형태로 묘사됩니다. 하체가 완전히 말의 형태인 켄
타우로스와는 조금 다른 느낌의 반인반수라 볼 수 있습니다. 신화
속에서는 사티로스라는 남성형
요정 및 술의 신 디오니소스와
잘 어울려 다니는 것으로 묘사
됩니다.

목양의 신 판(1865년)

판이 공황 장애의 어원이 된
이유로는 판의 외침이 가진 힘과
관계가 있는 것으로 보입니다. 판
은 자신의 낮잠이 방해받으면 큰
소리를 질러 상대방을 두려움에
빠지게 했는데, 올림포스 신들이
티탄 신족과 싸울 때 이 능력을

활용해 공을 세웠다고 합니다. 기원전 490년에 있었던 마라톤 전투 (Battle of Marathon)에서도 판은 아테네의 편에 서서 페르시아 병사들을 두려움에 떨게 했고, 전투를 승리로 이끌게 도왔다는 이야기도 있습니다. 아마도 2~3배 이상 많은 페르시아 군대를, 200명도 안 되는 병력 손실만 입으면서 크게 물리쳤기 때문에 무언가 신과 같은 존재의 도움이 있었다는 상상이 들어가게 된 것 아닌가 합니다.

이 외에도 제우스가 티폰(Typhon)이라는 하반신이 뱀인 거인과 싸울 때도 판이 제우스를 돕기 위해 무서운 목소리를 내어 티폰을 공포에 질리도록 만들었다는 이야기도 있습니다.

이런 판에게도 안타까운 연애담이 있습니다. 판은 시링크스 (Syrinx)라는 님프를 사랑하여 쫓아다녔습니다. 하지만 그녀는 아르테미스 여신을 모시며 순결 서약을 하였기에 판을 싫어하며 피해 다

〈판과 시링크스〉(1620~25년), 페테르 파울 루벤스

〈팬플루트를 연주하는 판〉(1913년), 월터 크레인

넜습니다. 그러던 어느 날, 시링크스는 판에게 붙잡힐 것 같은 상황이 되자 여신에게 부탁하여 갈대로 변해버렸습니다.

그 모습을 본 판은 갈대를 잘라 최초의 팬플루트(pan flute)를 만들어 연주했다고 합니다. 판을 나타낸 그림이나 조각상에 팬플루트가 같이 등장하는 이유입니다.

시링크스는 주사기를 의미하는 단어인 '시린지(syringe)'의 어원이기도 한데요, 판이 싫어 도망 다녔던 그녀가 일부 사람들이 겪는 바늘공포증(Trypanophobia)과 관계된 단어의 어원이 되었다니 아이러니하게 느껴집니다.

8
색정증

성욕은 인간의 본능이며 인류 번성의 원동력입니다만, 때로 이런 성욕이 잘못 발현하기도 합니다. 정신의학 용어로 이상성욕(paraphilic disorder)이 발생하는 것이죠. 이상성욕은 성기능 장애의 일종으로 성 장애(sexual disorder)의 하위분류에 속합니다.

이상성욕에는 양적 이상과 질적 이상이 있는데요, 여기서 다룰 여성 색정증(nymphomania)은 양적 이상에 해당하는 것으로 성욕에 관계된 충동이 비정상적인 수준으로 높아 다수의 인원과 성교를 하거나 성욕에 관계된 행동을 원하는 여성에게 진단합니다.

그리스 신화를 보면 신과 인간 그리고 여러 신비한 괴물들과 더불어 흔하게 등장하는 존재가 있습니다. 바로 님프(Nymph)입니다. 매우 아리따운 용모의 젊은 여성으로 묘사되는 님프는 외모 탓인지 우리나라에서는 요정(妖精)이란 단어로 번역되기도 합니다.

의사가 읽어주는 그리스 로마 신화

특정한 장소(강, 호수, 연못 등)나 자연물(나무, 꽃 등)과 연관되어 있으며, 그러한 장소 및 자연물들과 생사를 함께 한다고 알려져 있습니다. 따라서 이런 님프들의 목숨과 연관되어 있을지 모르는 자연물들을 손상하는 것은 금기로 여겨졌습니다. 우리는 앞서 보았던 여러 이야기에서 님프가 깃든 자연물을 다치게 한 인간들의 비극적인 최후를 볼 수 있었습니다.

신들의 계보를 적은 『신통기』의 저자 헤시오도스에 따르면 님프의 수명은 대략 인간의 2만 배라고 합니다. 인간이 보기에는 거의 불사에 가까울뿐더러 늙지도 않고, 미약하긴 하나 인간은 부릴 수 없는 여러 가지 신통력을 가졌다는 점에서 거의 신처럼 느껴지는 존재들입니다. 님프는 인간 주위에 있는 신성한 존재로서 숭배받았다고 볼 수 있는데, 일종의 애니미즘(animism)이 그리스 신화에 스며든 것으로 생각할 수 있습니다.

그렇다면 왜 이 신비한 존재들의 이름을 따서 만들어진 질병의 이름이 여성 색정증일까요? 병의 이름만 보면 우리가 보통 생각하는 요정의 이미지와는 잘 맞지 않을지도 모릅니다. 그러나 그리스 신화에서 요정들은 수많은 사랑 이야기의 주인공입니다. 요정과 인간의 수많은 연애담이 신화 속에서 등장하죠.

요정은 사랑 앞에서 적극적인 태도를 보이는 것이 특징입니다. 원치 않은 사랑은 단호하게 거절하고 회피하지만, 자기들이 마음에 둔 존재에게는 매우 적극적으로 구애하고 사랑을 나누려고 합니다. 물론 그 사랑의 끝이 항상 해피엔딩은 아닙니다. 짝사랑만 하다가 죽

〈힐라스와 나이아데스(강과 연못의 님프들)〉(1896년), 존 윌리엄 워터하우스

는 일도 있으며, 신이나 인간을 사랑했다가 버려지기도 하지요. 그러면서도 님프들은 언제나 사랑하기를 멈추지 않습니다. 아마도 영원히 젊고 아름다운 존재들에게는 사랑이 필요하다고, 그리고 그 사랑의 일부를 인간들에게도 나누면 좋겠다고 생각했던 것일지도 모릅니다.

반대로 남자색정광(satyriasis)이란 병명은 또 다른 신화 속 존재에서 기원합니다. 상반신은 사람, 하반신은 염소의 모습을 한 사티로스(satyr)입니다. 앞서 나온 목양신 '판'과 비슷해 보이지만, 전승에 따라서는 사티로스는 염소가 아니라 말의 다리(켄타우로스처럼 말의 하체 전부를 지닌 것은 아니고 다리가 두 개이며 말의 다리 형태)를 지녔다고도 합니다. 사티로스는 디오니소스의 시종 역할을 하는 정령 같

의사가 읽어주는 그리스 로마 신화

사티로스

은 존재입니다. 술의 신의 시종답게 장난을 좋아하고 색을 밝히는 모습으로 묘사되며, 그런 점을 강조하기 위해서인지 조각상들을 보면 항상 발기된 모습입니다(프리아포스처럼 비정상적인 수준은 아닙니다). 이러한 모습에서 착안하여 남성색정증에는 사티로스의 이름을 따서 병명을 만든 것으로 보입니다.

9

기억을 잃는 병

기억은 우리 자신의 정체성을 인식하는 바탕이 된다는 점에서 매우 중요합니다. 그러나 여러 이유에서 종종 기억이 상실되기도 합니다. 이렇게 기억이 사라지는 병을 기억상실증(Amnesia)라고 부릅니다. 기억상실증은 치매나 뇌경색과 같은 신경계 질환이 원인이 되어 발생하기도 합니다. 이렇게 기억의 상실이 뇌의 기질적인 원인에 의해 발생할 때는 원인이 되는 병을 파악하고 그에 맞춰 치료하는 것이 중요합니다. 이와 달리 심리적인 이유로 기억이 사라지는 것을 해리성 기억상실증이라고 합니다. 해리성 기억상실증은 해리성 장애의 일종으로 볼 수 있습니다. 그리고 특정한 사건이나 질병 발생 이전의 기억을 잃어버리는 것을 후향기억상실증(Retrograde amnesia), 반대로 그 이후의 일을 잘 기억하지 못하는 것을 전향기억상실증(Anterograde amnesia)라고 부릅니다.

의사가 읽어주는 그리스 로마 신화

〈므네모시네, 뮤즈의 어머니〉(1886년), 프레더릭 레이튼

　기억상실증을 의미하는 단어인 '엠니지아(Amnesia)'는 기억의
여신 므네모시네(Mnemosyne)의 이름에서 유래합니다. 부정을 의

미하는 'A'와 기억을 의미하는 어근 'Mne', 그리고 상태를 의미하는 'Sia'가 합쳐져 만들어진 단어죠. 므네모시네는 티탄 신족으로 우라노스와 가이아 사이에서 태어난 딸입니다. 거의 최초의 신들인 하늘과 땅의 딸이란 점에서 '기억'이 얼마나 중요한 것인지를 보여주는 신화적 설정이 아닐까 싶습니다. 그녀는 제우스와의 사이에서 무사(복수로는 무사이라고 하며, 영어로는 뮤즈라고 합니다)라 불리는 아홉 명의 딸을 낳게 되는데, 이들은 한 명 한 명이 다양한 형태의 문학과 예술을 담당하고 있습니다. 지금은 '뮤즈'라는 단어를 작가나 예술가에게 영감을 주는 존재를 말할 때 쓰기도 하죠.

아홉 명의 무사를 한 명씩 살펴보면, 칼리오페(Caliope)는 서사시와 현악, 클레이오(Kleio)는 역사, 에우테르페(Euterpe)는 서정시, 탈리아(Thalia)는 희곡, 멜포메네(melpomene)는 비극, 테르프시코레(Terpsichore)는 춤, 에라토(Erato)는 연애시와 독창, 폴리힘니아(Polyhymnia)는 찬가(혹은 무언극), 우라니아(Urania)는 천문학(할아버지인 우라노스의 이름과 비슷한 것을 보면 예상이 가능한 전공이겠네요)을 맡고 있다고 합니다. 모두 고대 그리스의 연극에서 필요한 요소들이었지요.

요즘같이 인쇄술이나 기록 보관 방법이 발달하지 않은 과거에는 인간의 기억이 이어지기 위해서는 위와 같은 방식의 전승이 필요하다는 비유일 수도 있겠네요. 이들 중에는 그리스 신화에서 가장 유명한 음악가인 오르페우스(Orpheus)의 어머니 칼리오페가 가장 유명합니다. 오르페우스는 너무도 비극적인 삶을 살다 갔지만 오래도

의사가 읽어주는 그리스 로마 신화

록 사람들의 기억에 남아 위대한 예술가로 불리는 것을 보면 진정한 무사 여신의 아들이었던 것 같습니다.

므네모시네는 신화 속에서 특별한 활약은 없지만, 명계에서 망각의 강 레테와 반대로 기억을 유지해주는 샘물로 나타나기도 합니다.

06

―

기타 용어

1

불면증

요즘 자주 쓰는 표현 중 '꿀잠'이라는 말이 있습니다. 푹 자고 일어났을 때 피로가 풀려서 느끼는 개운함이 꿀처럼 달콤하다는 것을 의미하는 단어인 것 같습니다. 사실 저도 의대에 입학하고, 또 의사가 된 이후로 항상 잠이 부족하다고 느끼고, 휴일이 되면 잠에 대한 욕구가 엄청나게 올라갑니다. 저뿐만 아니라 바쁘게 일하는 사람들, 공부하는 학생들은 모두 잠에 대한 욕구가 있을 겁니다. 여기서는 우리에게 휴식을 주는 잠과 관련된 의학 용어들을 한번 살펴보겠습니다.

잠 혹은 수면을 의학적으로 간단히 정의하면 '주위 환경에 대한 인식과 환경 변화에 대한 반응성이 현저히 감소하는 가역적 상태'라고 할 수 있습니다. 예전에는 수면을 그저 삶의 일부라든가, 죽음과 닮은 무언가라고 생각하는 정도였습니다. 하지만 요즘은 수면에 대한 과학적 연구가 많이 진행되면서 잠의 비밀도 차츰 밝혀지고 있습

의사가 읽어주는 그리스 로마 신화

니다. 그뿐만 아니라 사람들 사이에서 건강하고 정상적인 수면의 중요성도 크게 대두되고 있습니다. 아울러 수면장애(Sleep disorder) 질환에 대한 개념도 정립되어 많은 의사가 연구하며 수면장애에 시달리는 환자들을 치료하고 있습니다.

특히 수면에 대한 검사가 발달하면서 수면의 구조가 나누어져 있음을 알게 되었습니다. 이에 따르면 수면은 눈동자를 빠르게 움직이며 꿈을 꾸게 되는 렘수면(REM sleep) 그리고 눈동자의 움직임이 없는 비렘수면(Non-REM sleep)이 있으며, 비렘수면은 3단계로 나누어져 있습니다. 이렇듯 수면 구조를 파악하는 검사를 수면다원검사(Polysomnography)라고 하는데, 이 용어에 들어있는 '솜(Somn)'이라는 말은 그리스 로마 신화와 관련이 있습니다.

잠의 신 솜누스

앞서 우리는 잠의 신 히프노스에 관해 이야기한 바 있습니다. 히프노스는 밤의 신 닉스의 아들이자 죽음의 신 타나토스의 쌍둥이 동생이며, 모르페우스와 포베토르 같은 꿈의 신들의 아버지이며, 명계의 강 레테 근처에 있는 조용한 동굴 속에서 항상 잠에 취해 있는 묘한 신이죠. 히프노스는 수면제를 뜻하는 '히프노틱스 (Hypnotics)'라는 단어의 어원으로 잘 알려져 있습니다. 하지만 수면과 관련된 용어들은 히프노스가 로마로 건너가 바뀐 이름 솜누스(Somnus)에서 더욱 많이 활용되고 있습니다. 앞서 언급한 수면다원검사뿐만 아니라, 불면증을 뜻하는 '인섬니아(insomnia)', 사건수면(수면과 관련해 방해되는 모든 상황을 총칭하는 말입니다)을 뜻하는 '파라섬니아(parasomnia)', 비정상적인 졸음을 의미하는 '섬널런스 (Somnolence)' 등 수많은 수면 관련 단어들에서 솜누스가 그 존재감을 드러내고 있습니다.

의사가 읽어주는 그리스 로마 신화

2

태양광치료

태양은 고대부터 신성한 존재로 숭배되었고, 다양한 신화에서 태양신은 항상 특별하게 여겨졌습니다. 그리스 신화의 태양신인 아폴론도 마찬가지였습니다. 아폴론은 태양신 외에도 온갖 위대한 신격(경쟁에서의 승리와 영광, 음악과 예술, 의술, 궁술 등)을 지니고 있는 것으로 여겨졌으며, 외모 역시 그 어떤 신보다도 아름답게 그려집니다(여신에 아프로디테가 있다면, 남신에서는 아폴론이 으뜸이었죠). 물론 아폴론이 처음부터 태양의 신이었던 것은 아닙니다. 아폴론이 태양의 신으로 숭배되기 전에는 헬리오스(Helios)가 태양의 신이었습니다.

헬리오스는 티탄 신족인 히페리온(Hyperion: 광휘의 신)과 테이아(Theia: 신성한 여신) 사이에서 태어났으며, 자매였던 셀레네(Selene)와 에오스는 각각 달과 새벽의 신이었습니다. 또한 태양의 마차를 몰다가 운전 미숙으로 하늘과 땅을 태우고 제우스의 번개에

〈한낮의 화신 헬리오스〉(1765년경), 안톤 라파엘 멩스

맞아죽었다는 이야기가 전하는 파에톤(Phaëton)이 바로 헬리오스
의 아들 중 하나입니다. 후대에 헬리오스와 아폴론의 역할이 합쳐져
서 아폴론의 아들로 여겨졌지만, 원래 전승에 따르면 헬리오스의 아
들이죠.

　　비록 헬리오스는 그리스 신화에서 아폴론과 그 역할의 구분이
모호해 특별한 활약이 없지만, 로도스섬에서는 상당히 열광적으로
숭배되었다고 합니다. 세계 7대 불가사의 중 하나라고 전하는 로도
스 섬의 거대 석상 모델이 바로 헬리오스입니다. 또한 헬리오스는 로

　　　　　　　　　의사가 읽어주는 그리스 로마 신화

로도스의 헬리오스(상상도)

마에서 솔(Sol)이라고 불리면서 태양신으로 계속 숭배되었습니다.

이렇게 그리스 로마 신화 속에서 아폴론과 같은 신으로 혹은 또 다른 신격으로 여겨지던 헬리오스는 현대에 와서는 조금 생뚱맞게 도 의학 용어에서 그 흔적을 발견할 수 있습니다. 바로 태양광치료 (Heliotherapy)입니다.

태양광 치료는 광선 치료의 일종으로, 아주 오래전부터 사용
되었던 피부질환 치료법 중 하나입니다. 태양광은 여드름(Acne
Vulgaris) 치료에 효과적인 것으로 알려져 있는데, 3000년 전에 살
았던 그리스의 역사학자 헤로도토스는 일광욕으로 여드름과 같은
피부병을 치료했다고 합니다. 실제로 태양광은 여드름을 일으키는
세균(proprium bacterium acnes)을 멸균하고, 피지선이 커지는 것
을 방지하여 치료에 도움이 된다고 합니다.

19세기에 들어서는 닐스 뤼베르 핀센(Niels Ryberg Finsen)이라
는 덴마트의 의사가 유럽에서 많이 발병했던 피부 결핵의 일종인 심
상성루푸스(lupus vulgaris)와 천연두에 의한 피부 병변 치료에 이
태양광치료법을 활용했습니다. 이 치료법 개발의 공로로 1903년에
는 노벨 생리의학상까지 수상하게 되죠. 물론 천연두의 박멸과 결핵

 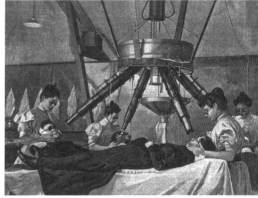

왼쪽. 심상성루푸스에 걸린 여성 환자(1886년 조지 헨리 폭스 촬영)
오른쪽. 핀센이 사용했던 태양광치료기계

의사가 읽어주는 그리스 로마 신화

태양광치료를 받는 결핵 환자들

치료에 효과적인 항생제 개발로 인해 핀센의 태양광치료법은 무용지물이 되었으나, 의학의 발달 과정에서 환자를 돕는 역할을 충분히 한 것으로 생각됩니다.

핀센과는 다른 목적과 방법이지만, 비슷한 시기에 결핵 환자들을 대상으로 태양광치료가 시행된 예는 또 있습니다. 의사였던 어거스트 롤리어(Auguste Rollier)는 뼈에 결핵이 발병한 환자들에게 충분한 햇볕을 쬐었을 때 환자들의 상태가 호전되었다고 주장했습니다.[23] 롤리어가 시행했던 치료는 많은 결핵 환자들에게 도움을 주었는데, 아마도 햇빛에 의한 비타민D 합성이 결핵 감염의 진행을 막는 것에 도움을 준 것이 아닐까 싶습니다.[24] 물론 이와 같은 방법 역시 현재에는 사용되지 않습니다.

현재에는 이전처럼 있는 그대로의 태양광을 사용하는 방식이 아니라 특정한 광선만 추출하여 다양한 질병의 치료에 활용하기도 합니다. 이를테면 건선(Psoriasis)이라는 피부 질환에는 태양광의 자외선 중 UVA(A자외선)만을 이용하여 치료하는 방법(PUVA)이 매우 유명합니다. (최근에는 UVB(B자외선)도 많이 활용되고 있습니다.) 수면장애나 우울증 환자들에게는 눈에 보이는 파장인 가시광선의 빛을 이용하여 생체리듬 정상화에 도움을 주는 방법인 '빛 치료(Light therapy)'가 적용되기도 합니다.

앞으로 의학과 과학이 계속 발달하면 더욱 효과적으로 태양광을 이용하는 다양한 치료방법이 개발되지 않을까 하는 기대를 해봅니다.

의사가 읽어주는 그리스 로마 신화

3
심장 초음파 검사

초음파(ultrasound)는 높은 주파수의 음파로 우리 귀에는 들리지 않지만, 현대의학에서는 이 초음파를 이용해 질병을 진단하는 데 씁니다. 초음파를 인체 내부로 보내면 내부에서 반사되는 음파가 돌아오는데, 이 반사되는 음파를 눈으로 볼 수 있게 영상화해서 검사하는 것이지요.

초음파 검사는 검사하고자 하는 장기(심장, 간, 담낭, 췌장, 비장, 방광, 자궁, 난소, 전립선, 유방 등)의 위치에 초음파 기구를 밀착시킨 후 초음파를 장기로 보내면, 장기의 움직임을 실시간 영상으로 얻을 수 있습니다. 숙련된 검사자가 사용하면 장기의 구조와 형태에서 혈류의 흐름까지도 측정 가능한 매우 유용한 검사방법입니다. 그런데 이러한 초음파 검사방법 중 심장 초음파 검사(Echocardiography)에는 '에코(echo)'라는 접두사가 쓰입니다. 에코는 바로 그리스 신화에 등장하는 님프의 이름인 에코입니다.

에코의 사연은 나르키소스의 이야기에서 잠시 언급을 했는데요, 이 님프는 나르키소스를 짝사랑하던 님프 중 하나로 나르키소스 못지않은 비극적인 결말을 맞은 존재입니다. 에코는 원래 숲의 님프로 말재주가 매우 좋은 수다쟁이였습니다. 발랄한 성격의 님프였던 에코는 사슴 사냥을 하는 나르키소스를 보고 첫눈에 반해 짝사랑했지만, 나르키소스의 냉정함을 알았기에 쉽게 마음을 전하지 못하고 있었습니다.

그러던 어느 날, 숲의 님프들과 노닥거리려고 제우스가 나타납니다. 하지만 얼마 지나지 않아 남편을 찾으러 헤라 여신이 나타나는 바람에 제우스와 님프들이 도망치기 시작했습니다. 이때 제우스와 친구들이 도망갈 시간을 벌어주고자 에코가 헤라에게 다가가 말을 걸었고, 재밌는 말재주로 헤라의 마음을 빼앗아 결국 제우스가 도망갈 수 있게 했습니다.

불륜 현장을 습격하려던 것이 수포로 돌아가 화가 났던 헤라는 에코에게 저주를 걸었습니다. '너는 앞으로 네가 먼저 말을 할 수 없고 상대방 말의 끝부분만 따라 말하게 될 것이다'라고요. 한마디로 우리가 아는 '메아리' 같은 존재가 된 것이었죠. 그렇지 않아도 어려운 짝사랑을 하던 중인데, 자신의 특기인 말재주조차 사용할 수 없게 된 에코는 나르키소스 주위를 맴돌며 지켜볼 수밖에 없었습니다.

그러다 에코는 친구들과 사냥을 나온 나르키소스를 또 보게 되었습니다. 그날따라 무리에서 떨어진 나르키소스는 친구들을 찾기

의사가 읽어주는 그리스 로마 신화

〈에코〉(1874년), 알렉상드르 카바넬

위해 목소리를 높이고 있었습니다. 나르키소스는 친구들을 부르기 위해 '어이! 여기서 우리 만나자!'라고 소리를 질렀습니다. 그 소리를 들은 에코는 '우리 만나자!'라는 말을 따라 하며 달려 나와 나르키소스의 목을 와락 껴안았습니다. 하지만 가뜩이나 여자들을 싫어하던 나르키소스로서는 낯선 여자가 자기 말을 따라 하며 달려와 껴안는 상황이 끔찍할 따름이었고, '네가 손을 치우지 않으면 여기서 그냥 죽는 게 낫지!'라고 외치며 그녀를 밀쳐 냈습니다. 에코는 슬픔과 수치심에 빠진 채 '그냥 죽는 게 낫지'라는 말을 따라 하며 동굴로 숨어 들어갔습니다. 거기서 점차 온몸과 마음이 타들어 가 결국은 목소리와 뼈만 남게 되었고, 나중에 뼈는 바위로 변했다고 합니다. 결국, 에코는 목소리만 남아 메아리가 되었습니다. 나르키소스가 연못가에서 말라죽을 때도 계속 지켜보며 슬퍼했다고 합니다.

돌아오지 못할 사랑에 메아리로만 답할 수밖에 없었던 에코의 이야기는 너무 안타깝지만, 그녀의 이름을 따온 초음파 검사는 진단에 큰 도움을 주어 많은 사람을 살리는 데 중요한 역할을 하고 있습니다. 이런 사실이 그녀에게 위안이 될지 모르겠지만 말이죠.

의사가 읽어주는 그리스 로마 신화

4
영상검사

요즘은 환자의 질병을 진단하기 위해 아주 다양한 검사방법을 개발하여 진단의 정확도를 높이고 빠른 진단을 통해 조기 치료를 시도하고자 노력합니다. 특히 환자의 몸속을 좀 더 자세하고 정확하게 들여다보는 영상검사 기법은 계속 발전하고 있습니다. 앞에 나온 초음파 검사도 그렇지만, 방사선을 사용하는 컴퓨터단층촬영(CT)이나 자기장을 이용하는 자기공명영상검사(MRI)도 환자의 몸속 장기들을 좀 더 정확하게 보기 위해 개발되었습니다. CT나 MRI 사진은 우리의 몸을 층층이 썰어낸 것처럼 보여줍니다. 사진의 이미지는 그 썰어낸 방향에 따라 상하로 나누면 수평면(Axial view), 앞뒤로 나누면 관상면(Coronal view), 그리고 좌우로 나누면 시상면(Sagittal view)이라 부릅니다. 그런데 왜 인체의 세로를 가로지르는 이미지를 시상(sagittal)이라고 부를까요?

영상검사에서 사용하는 표현인 '새지털(Sagittal)'은 궁수(弓手)라는 뜻의 단어에서 왔습니다. 별자리 중 궁수자리는 영어로 '새지터리어스(Sagittarius)'입니다. 시상면은 활을 들고 있는 자세의 단면과 비슷하게 보인다는 점에서 '궁수'라는 단어를 가져다 쓴 것입니다. 여기서 나오는 궁수는 그리스 신화에서 가장 유명한 켄타우로스인 '케이론(Chiron)'을 말합니다.

그리스 신화에 나오는 켄타우로스가 대부분 난폭한 성격과 험상궂은 행동으로 반인반마의 괴물 느낌이 강하다면, 케이론은 온화하고 박학다식하며 모든 분야에 뛰어난 모습을 보여 영웅들의 스승으로 이름이 높습니다. 이러한 특별함은 케이론이 신들의 왕이었던 크로노스의 아들이기 때문일 수도 있습니다.

케이론과 달리 다른 켄타우로스는 익시온(Ixion)이라는 인간이 헤라 여신으로 변신한 구름과 관계하여 태어난 종족이라고 알려져 있습니다. 이들 켄타우로스는 말의 속성이 강한 탓인지 성격이 급하

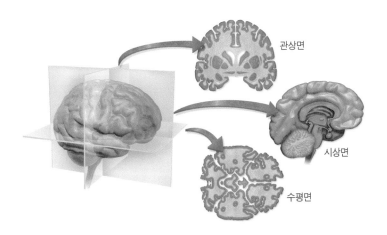

관상면

시상면

수평면

의사가 읽어주는 그리스 로마 신화

16세기 독일 목판화 속의 궁수자리 그림. 반인반마의 켄타우로스가 화살을 들고 있는 모습을 묘사하고 있습니다.

고, 성욕이 넘치는 것으로 묘사되며 그리스 신화에서 이런저런 사건 사고에 트러블메이커로 등장합니다. 헤라클레스 이야기에 등장한 네소스가 대표적인 예가 되겠네요.

케이론은 다른 켄타우로스와 달리 태어날 때부터 높은 신격을 가졌으며, 예술, 의술, 궁술, 기타 등등의 분야에서 모두 뛰어났기에 수많은 제자를 길러내는 스승으로서 신화에 자주 등장합니다. 대표적인 제자로는 의술의 신으로 추앙받는 아스클레피오스, 리라의 명수인 오르페우스, 트로이 전쟁에서 활약한 아킬레우스, 아르고호 원정대로 유명한 이아손, 그리고 그리스 신화 전체에서 가장 위대한 영웅 헤라클레스 등입니다.

그리스 전역에서 각자 한가락 하는 것으로 이름을 날린 혈기왕성한 청년들을 거두어 교육한 것을 볼 때, 케이론의 스승으로서의 능력과 인격을 미루어 짐작할 수 있습니다.

케이론과 어린 아킬레우스. 트로이 전쟁 최고의 영웅인 아킬레우스가 어린 시절 스승인 케이론에게 리라를 배고 있는 모습입니다.

의사가 읽어주는 그리스 로마 신화

케이론은 신의 혈통을 받았기에 원래는 불사의 몸이었으나 제자인 헤라클레스의 실수로 히드라의 맹독이 묻은 화살에 맞게 되었습니다. 이 사건 역시 트러블메이커인 켄타우로스와 헤라클레스의 다툼(음주난동)이 원인이었습니다. 맹독으로 인한 고통을 영원히 받아야 했던 케이론은 제우스에게 간청하여, 자신의 불사를 프로메테우스에게 넘겨주고 죽을 수 있게 됩니다. 이쯤 되면 그리스 로마 신화가 아니라 '히드라 독의 전설'일 정도로 히드라의 독이 많이 언급되는데요, 케이론의 죽음은 제자인 헤라클레스의 죽음과도 닮아 있어 헤라클레스 역시 비통한 와중에 불길한 예감을 느끼지 않았을까 싶습니다. 밤하늘의 별자리 궁수자리는 이렇게 뛰어난 업적을 세운 케이론을 기리는 뜻에서 붙인 이름입니다.

5

아트로핀, 운명의 여신

어느새 마지막 이야기입니다. 이번에는 마지막답게 사람이 가장 위급한 상황에서 사용하는 약에 관해 이야기하고자 합니다. 이 약의 사용으로 한 사람의 생사가 달라질 수 있으니, 어쩌면 이 약에 '운명'이라는 이름을 붙일 수도 있겠다는 생각이 듭니다.

그리스 신화에서 운명의 세 여신은 '모이라이'(Moirai: 고대 그리스어로 '운명들'이란 뜻입니다)라는 이름으로 불렸습니다. 이 여신들은 신들의 제왕인 제우스와 율법의 여신인 테미스(Themis) 사이에서 태어났습니다. 제우스의 딸이긴 하지만 이들이 정하는 운명은 신들의 왕조차도 거스르거나 바꿀 수 없다고 알려져 있습니다. 어떻게 보면 그리스 신화에 나오는 모든 존재의 운명은 이들 여신의 손안에서 시작되고 만들어지고, 또 끝나게 되는 것이죠.

세 여신의 이름과 역할을 살펴보면, 첫째이며 실을 잣는 클로토

의사가 읽어주는 그리스 로마 신화

〈운명의 세 여신〉(19세기), 폴 투만

(Klotho), 둘째이며 실을 감는 라케시스(Lachesis: 나눠주는 여신이라는 의미도 있으며, 인간들에게 행운과 재능을 나눠주는 역할을 합니다), 그리고 막내이자 실을 잘라 인간들의 죽음의 순간을 결정하는 아트로포스(Atropos)가 있습니다. 아트로포스는 실을 잘라 그 운명을 끝내기에 '거역할 수 없는 자' 혹은 '불가피한 존재'라는 의미도 지니고 있습니다.

이렇게 아트로포스의 이름을 따라 지어진 약물인 아트로핀(atropine)은 알칼로이드의 일종으로, 신경전달물질인 아세틸콜린의 무스카린 수용체(muscarine receptor)와 결합해 부교감신경을 억제하는 역할을 합니다. 소량에서는 중추신경계 흥분제의 역할을 하나 대량을 투여하면 신경억제 작용을 일으켜 자칫하면 사망을 초래할 수도 있습니다.

한편 아트로핀은 식용 작용 독소인 VX 가스 같은 독극물의 중화제로 사용되기도 하고, 심정지(Cardiac arrest) 환자의 응급처치 중 서맥(느린 맥으로 분당 60회 이하의 심박수)이나 방실 차단(심방의 전기 자극이 심실로 전도되는 데 장애가 생긴 현상)의 소견을 보일 때 주의해서 사용해볼 수도 있습니다.

사람의 생명을 끊을 수 있는 독약의 성분이기에 이름 붙었지만, 현대의학 지식으로 적절하게 사용하면 사람을 살릴 수 있는 힘을 가졌다는 점에서 '운명의 여신'의 이름이 매우 잘 어울리는 약인 것 같습니다.

의사가 읽어주는 그리스 로마 신화

마치며

그리스 로마 신화와 의학을 엮어서 만든 항해는 즐거우셨는지요? 그리스 로마 신화는 신화가 발원한 지역이 지중해 주변이어서인지 '항해' 이야기가 자주 등장합니다. 아킬레스건의 주인공인 아킬레우스를 비롯한 수많은 영웅이 등장하는 『일리아스』에도 그리스에서 트로이를 향한 항해가 나옵니다. 외눈박이 괴물 폴리페모스와 싸웠던 오디세우스도 고향으로 돌아가기 위해 긴 항해를 했고, 메데이아에 의한 아이손의 회춘 이야기에 잠시 언급했던 아르고호의 선원들도 항해했습니다. 고대 그리스 사람들이 죽은 후에 간다고 믿었던 저승으로 가는 길도 일종의 항해로 묘사하고 있죠.

어린 시절 그리스 로마 신화를 읽었을 때는 막연히 '그리스 로마 사람들은 배를 많이 타는구나, 나도 지중해에 그리고 신화 속에 나오는 도시들에 가보고 싶다' 정도의 감상만 들었는데, 의사가 되어 이렇게 의학 지식으로 신화를 해석하는 글을 쓰고 보니 신화 속의 항해는 우리가 겪어야 할 모든 인생과 그 안의 역경, 의학적으로 말하면 생로병사의 여정이라는 생각이 들었습니다.

의대에 입학하여 수년간 공부를 하고 의사가 되어 20년 가까이 환자를 보고 있지만, 새로운 질병과 환자를 계속 만나게 되고 이를 위한 공부는 끝이 없습니다. 솔직히 의사로서 그리고 인간으로서 지치고 괴로울 때가 없다고 하면 거짓일 것입니다. 그러나 이렇게 그리스 로마 신화와 의학을 함께 엮으면서 새로운 깨달음을 얻게 되었습니다. 질병을 치료하는 과정은 거친 바다를 건너는 항해이며, 의사와 환자는 그 험한 파도를 무사히 넘어, 그리스 로마 신화 속 등장인물들이 바라던 고향 혹은 낙원 엘리시움과 같은 치료 목표에 도달하기 위해 함께 싸워나가는 동료라는 깨달음을 말이죠. 물론 병을 치료하는 역할을 하는 의사가 선장이 되긴 하겠지만, 환자와 보호자의 협조와 이해가 없다면, 그리고 질병과 싸워나갈 용기와 의지가 없다면, 이 항해는 무사히 끝나기 어려울 것입니다.

무언가를 아는 것은 우리에게 용기를 줍니다. 그리스 로마 신화에서 가장 지혜로웠던 영웅인 오디세우스가 그의 지혜로 인해 용기를 잃지 않고 10년의 항해를 마치고 고향에 돌아간 것처럼 말이죠. 이 책이 삶에서 겪게 될 '생로병사의 항해'에 유용하게 쓰이고, 의사와 환자가 함께 하는 항해의 길에 작은 도움이나마 되었으면 하는 바람입니다.

또 다른 이야기의 바다에서 다시 뵙기를 기다립니다. 저와 함께 항해해주셔서 감사합니다.

미주

1 아이의 몸에 불사의 음식인 암브로시아를 붓고 입으로 여신의 숨결을 불어넣은 후, 불 속에 넣어 필멸의 혼을 태우는 방식이었습니다.

2 키케온의 제조 방법은 다양한데, 꿀이나 와인 등을 사용하는 경우도 있다고 합니다.

3 제2차 세계대전 당시 일본군의 포로로 있던 영양실조 상태의 미군에게 고칼로리의 음식을 공급하였다가 사망에 이른 사례들이 있습니다.

4 "The physiologic effects and safety of Peppermint Oil and its efficacy in irritable bowel syndrome and other functional disorders", Bruno P. Chumpitazi, et al. 2019. Aliment Pharmacol Ther.

5 사이토카인(Cytokine)은 세포간 신호전달에 중요한 역할을 하는 작은 단백질을 의미합니다. 최근 코로나 상황에서도 '사이토카인 폭풍'이란 표현이 자주 등장해 용어 자체는 익숙하게 느껴지시는 분들도 많을 것입니다. 사이토카인은 펩타이드 형태인데, 세포의 지질막을 뚫고 들어가지는 못해 세포 표면에 있는 수용체를 통해 작용합니다. 내분비 신호전달이나 면역 조절 기능 등을 담당합니다.

6 Liver regeneration: biological and pathological mechanisms and implications. George K. Michalopouls, et al. Nature reviews gastroenterology & hepatology. 2020.

7 Hepatic regeneration in Greek mythology. Papavramidou N. World J Meta-Anal. Mar 31, 2019; 7(3): 77-79. Tityus: A forgotten myth of liver regeneration. Dina G. Tiniakos, et al. Journal of Hepatology. August 2010, 357-361

8 그리스어에서 나온 간을 의미하는 단어는 hepar인데, 이것은 'hedar'라고도 불리며 이 단어의 어원은 'hedoni(쾌락)'입니다. 에로스와 프시케 사이에 태어난 딸의 이름이기도 하죠.

9 황금양털은 그리스 중부 테살리아의 왕족이었던 프릭소스와 헬레 남매가 새어머니인 이오의 마수를 피해 도망칠 때 탔던, 황금양(하늘을 날 수 있습니다)의 가죽을 벗긴 것입니다. 바다를 건너 콜키스로 향하던 남매 중 여동생 헬레는 그만 바다로 떨어져 죽고 말았는데, 그때 빠진 바다가 헬레스폰토스(현재의 다르다넬스 해협) 해협입니다. 이후 황금양털은 콜키스의 보물이 되었고, 이 황금양은 후에 황도 12궁 중 하나인 양자리(Aries)가 되었다고 합니다.

10 Rejuvenation of three germ layers tissues by exchanging old blood plasma with saline-albumin. 2020. Melod Mehdipour, Irina M Conboy, et al., Aging. Plasma dilution improves cognition and attenuates neuroinflammation in old mice. 2020. Melod Mehdipour, Irina M Conboy, et al., GeroScience.

11 엠페도클레스(Empedocles, 기원전 약 490년~430년)가 주장했던 4원소설에 기반을 두고 있

으며, 히포크라테스에 의해 발전되었습니다. 신체는 네 가지 체액—혈액(blood), 점액(phlegm), 황담즙(yellow bile), 그리고 흑담즙(black bile)—으로 이루어져 있으며, 이 체액들의 균형이 맞아야 건강이 유지될 수 있다는 이론입니다.

12 대뇌변연계라고도 하며 대뇌피질(Cerebral cortex: 겉질)과 뇌량(Corpus callosum: 좌우 대뇌 사이에 위치해 이들을 연결하는 신경세포 집합) 그리고 시상하부(Hypothalamus) 사이의 경계에 있는 부위를 뜻합니다. 해마, 편도체(Amygdala), 선조체(Striatum), 그리고 후각망울(olfactory bulb) 등으로 이루어져 있어 감정, 행동, 동기부여, 기억, 그리고 후각 등 여러 가지 기능을 담당합니다.

13 암몬(Ammon)은 제우스의 별명입니다. 암몬은 이집트에서 숭배되던 아문(혹은 아몬, Amun) 신과도 동일하게 여겨졌습니다. 이집트의 아문 신은 숫양의 형태로 조각되기도 했는데, 이러한 개념이 섞여서인지 제우스-암몬은 머리에 숫양의 뿔이 달린 남성의 모습으로 묘사되기도 합니다. 암모니아와 암모나이트도 암몬이란 이름에서 유래한 단어입니다.

14 고대 그리스 사람들은 지브롤터 해협 너머를 대양(Okeanos)라고 불렀는데, 그 너머에는 세상의 끝이 있다고 생각했습니다.

15 Curr Rev Musculoskelet Med. 2016 Sep; 9(3): 255-262.

16 아프로디테, 아테네, 헤라가 참가하였으며, 불화의 여신 에리스가 '테티스와 펠레우스(아킬레우스의 부모)의 결혼식장'에 던지고 간 황금사과 위에 쓰인 글귀로 인해 시작된 경쟁이었습니다. 그 황금사과 위에는 '가장 아름다운 여신에게'라고 씌어 있었다고 합니다.

17 테티스가 인간인 펠레우스와의 사이에서 낳은 아들이기에 불멸의 운명을 갖지 못하였습니다. 아킬레우스가 태어났을 때 그의 불사를 기원하며 스틱스 강물에 목욕시킬 때 발뒤꿈치는 넣지 못했기에(테티스가 손으로 잡고 있어서), 그 부분이 그의 약점이 되었다고도 합니다. 스틱스강은 저승에 흐르는 다섯 개의 강 중 하나로 신들이 중요한 맹세를 할 때 그 이름을 걸게 됩니다. 그 강에 몸을 씻으면 불사가 된다는 이야기도 있죠.

18 Pseudohermaphroditism. Richard E. Jones PhD, Kristin H. Lopez PhD, in Human Reproductive Biology (Fourth Edition), 2014

19 Bisexual Gonads: True Hermaphroditism. Claire Bouvattier, in Pediatric Urology, 2010

20 Three books of occult philosophy by Heinrich Cornelius Agrippa von Nettesheim (1993) p. 495

21 https://www.wikitree.co.kr/articles/548723

22 오보로스는 고대 아테네의 화폐단위 중 하나입니다. 가장 유명한 화폐단위인 1드라크마(Drachma)가 4인 가족이 하루 먹고 살 수 있는 비용인데, 1드라크마는 6오보로스와 동등한 가치를 지녔다고 합니다.

의사가 읽어주는 그리스 로마 신화

23   Patients rebuilt: Dr Auguste Rollier's heliotherapeutic portraits, c.1903~1944, Tania Anne Woloshyn. Med Humanit. 2013 Jun;39(1):38~46.

24   Impact of vitamin D on infectious disease-tuberculosis-a review. Kashaf Junaid and Abdul Rehman. Clinical Nutrition Experimental. 2019 Jun, Pages 1~10.

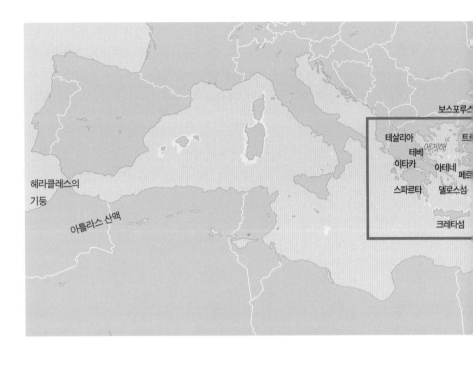

헤라클레스의
기둥

아틀라스 산맥

보스포루스

테살리아   트라
    테베 에게해
이타카   아테네   페르
    스파르타   델로스섬

    크레타섬

콜키스

키프로스섬

페니키아

티로스

트라키아

보스포루스 해협

마케도니아

사모트라키 섬

올림포스산 ▲

● 트로이

테살리아

렘노스 섬

프리기아

레스보스 섬

● 페르가몬

프티아

리디아

오에타

페르나소스 산 ▲

에게 해

이오니아

레우카스 섬

델포이 ●

● 테베

● 에페소스

이타카 섬

피레우스 ● ● 아테네

올림피아 ●

아르카디아

미케네 ●

델로스 섬

카리아

펠로폰네소스

키클라데스 제도

● 스파르타

낙소스 섬

멜로스 섬

크레타 섬

● 크노소스

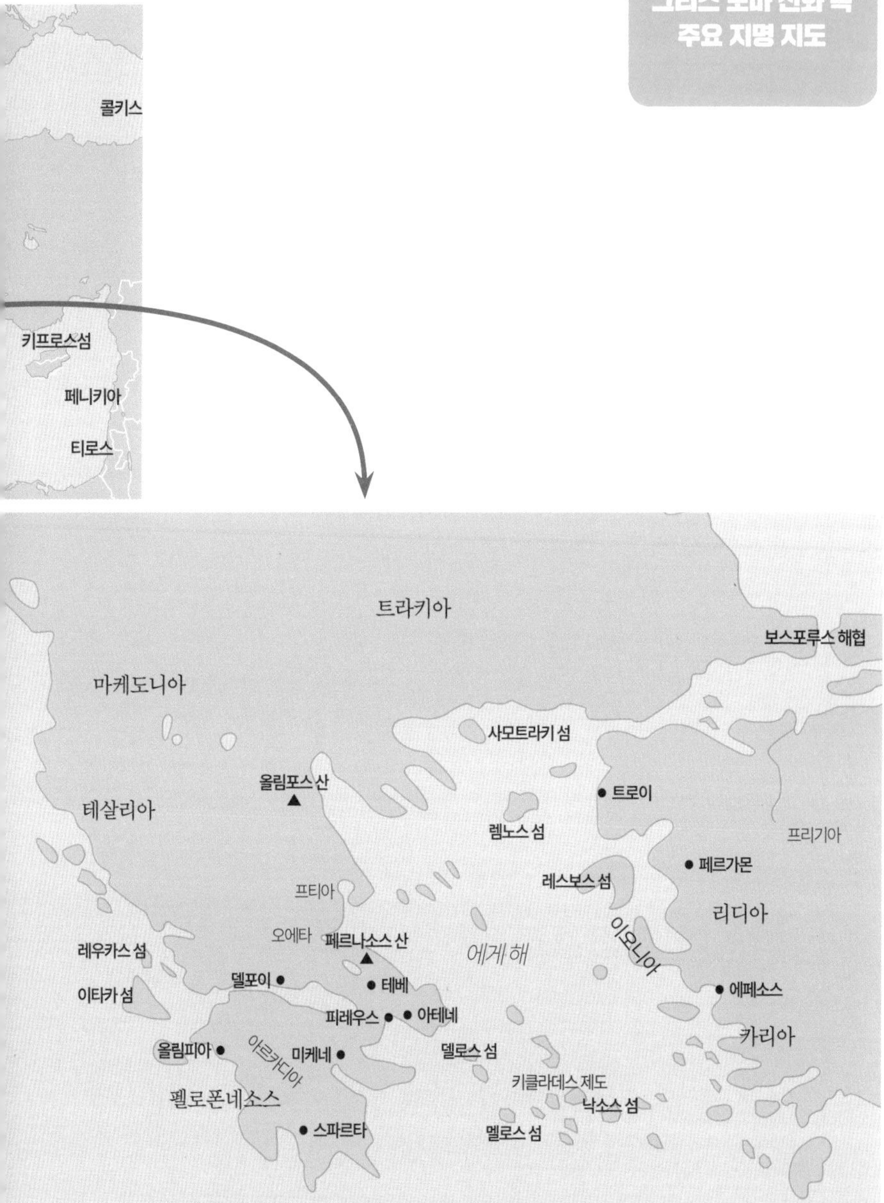

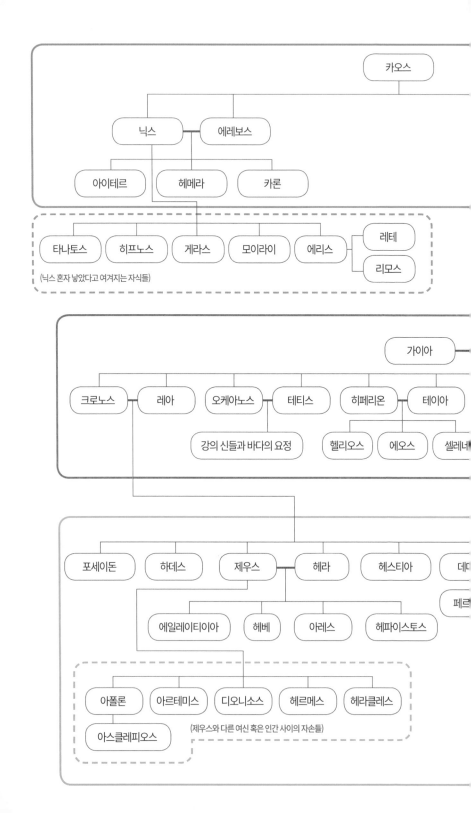

카오스

닉스 ── 에레보스

아이테르   헤메라   카론

타나토스   히프노스   게라스   모이라이   에리스 ─ 레테
                                                리모스
(닉스 혼자 낳았다고 여겨지는 자식들)

가이아

크로노스 ── 레아   오케아노스 ── 테티스   히페리온 ── 테이아

강의 신들과 바다의 요정   헬리오스   에오스   셀레너

포세이돈   하데스   제우스 ── 헤라   헤스티아   데

페르

에일레이티이아   헤베   아레스   헤파이스토스

아폴론   아르테미스   디오니소스   헤르메스   헤라클레스
아스클레피오스   (제우스와 다른 여신 혹은 인간 사이의 자손들)

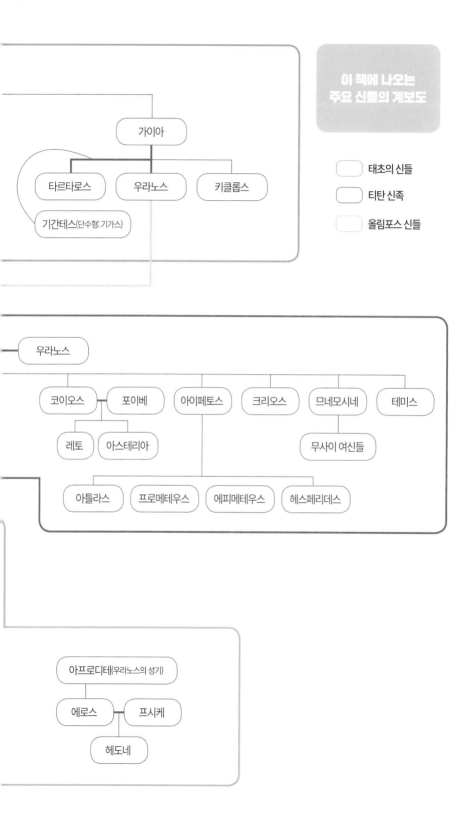

가이아

타르타로스   우라노스   키클롭스

기간테스(단수형: 기가스)

우라노스

코이오스   포이베   아이페토스   크리오스   므네모시네   테미스

레토   아스테리아

무사이 여신들

아틀라스   프로메테우스   에피메테우스   헤스페리데스

아프로디테(우라노스의 성기)

에로스   프시케

헤도네

의사가 읽어주는 그리스 로마 신화

2021년 12월 25일 1판 2쇄 발행

지은이	유수연
펴낸이	박래선
펴낸곳	에이도스출판사
출판신고	제406-251002011000004호
주소	경기도 파주시 회동길 363-8, 308호
전화	031-955-9355
팩스	031-955-9356
이메일	eidospub.co@gmail.com
페이스북	facebook.com/eidospublishing
인스타그램	instagram.com/eidos_book
블로그	https://eidospub.blog.me/
표지 디자인	공중정원
본문 디자인	김경주

ISBN   979-11-85415-44-4   03210